MW00624026

EL ASESOR
Familiar

EL ASESOR

Familiar

Guía práctica para
aconsejar con sabiduría

DAVID HORMACHEA

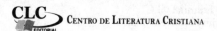

CLC EDITORIAL — CENTRO DE LITERATURA CRISTIANA

DE REGRESO AL HOGAR
CORPORACIÓN DE AYUDA A LA FAMILIA

CENTRO DE LITERATURA CRISTIANA
en países de habla hispana

Colombia: Centro de Literatura Cristiana
                  ventasint@clccolombia.com
                  editorial@clccolombia.com
                  Bogotá, D.C.
Chile: Cruzada de Literatura Cristiana
                  santiago@clcchile.com
                  Santiago de Chile
Ecuador: Centro de Literatura Cristiana
                  ventasbodega@clcecuador.com
                  Quito
España: Centro de Literatura Cristiana
                  madrid@clclibros.org
                  Madrid
Panamá: Centro de Literatura Cristiana
                  clcmchen@cwpanama.net
                  Panamá
Uruguay: Centro de Literatura Cristiana
                  libros@clcuruguay.com
                  Montevideo
USA: CLC Ministries International
                  churd@clcpublications.com
                  Fort Washington, PA
Venezuela: Centro de Literatura Cristiana
                  distribucion@clcvenezuela.com
                  Valencia

EDITORIAL CLC
Diagonal 61D Bis No. 24-50
Bogotá, D.C., Colombia
editorial@clccolombia.com
www.clccolombia.com

ISBN: 958-8217-39-3

El Asesor Familiar por David Hormachea

Copyright © 2007. Todos los derechos reservados de esta edición por David Hormachea.

Esta co-edición es publicada y distribuida bajo convenio especial con David Hormachea, por Centro de Literatura Cristiana de Colombia.

Prohibida la reproducción total o parcial por sistemas, impresión, audiovisuales, digital, grabaciones o cualquier medio, sin permiso de la casa editora.

A menos que se indique lo contrario, las citas bíblicas son tomadas de la Santa Biblia, Versión Reina Valera, 1960 © por las Sociedades Bíblicas Unidas.

Edición y Diseño Técnico: Editorial CLC
Impreso en Colombia – Printed in Colombia

Somos miembros de la Red Letraviva: www.letraviva.com

Contenido

Capítulo Tres
El Aconsejado

Capítulo Cuatro
Primera Etapa del Proceso de Asesoramiento:
Establecer la Relación

Capítulo Cinco

Segunda Etapa del Proceso de Asesoramiento: Encontrar la Realidad

Capítulo Seis

Tercera Etapa del Proceso de Asesoramiento: Entregar Responsabilidades

Prefacio

Por la voluntad del Señor tuve el privilegio de viajar a los Estados Unidos y estudiar en el Talbot Seminary. Cuando esto sucedió, vi cumplida una de mis grandes ilusiones: el inicio de mi preparación teológica formal, a fin de tener un ministerio mucho más profesional y comprometido con la excelencia.

Cada curso que recibía aumentaba mi gran sueño: ayudar en su preparación a miles de ministros latinoamericanos con increíbles dones y talentos, que por esas divinas determinaciones que no somos capaces de entender, no tuvieron la oportunidad de recibir un estudio formal. Cada nuevo descubrimiento que hacía, cada bendición que recibía por medio de la instrucción de esos hombres que Dios escogió soberanamente para ser mis maestros, me llenaba de satisfacción y aumentaba mi alegría, pues así disponía de nuevos recursos que anhelaba compartir con otros pastores que estaban ministrando en las mismas condiciones que yo lo había hecho por tanto tiempo.

Durante mis años de estudio parecía una esponja: quería absorber toda enseñanza hasta convertirme en un "ratón de biblioteca". Escuché atentamente a cada uno de mis maestros, me dediqué a investigar muchos libros para cumplir con las tareas que me asignaban, y en todo lo que emprendía, mantenía en mi corazón, a mi querida América Latina y a los miles de ministros y líderes que no tuvieron, la extraordinaria oportunidad que Dios, por su misericordia, me dio a mí.

Agradecimientos

Quiero expresar mi gratitud a mis amigos de Biola University, pues ellos me becaron cuando no tenía dinero. Mi gratitud a Calvary Presbyterian Church de Glendale, California (PCA), porque ellos nos apoyaron económicamente por más de tres años, mientras pastoreaba no una iglesia presbiteriana, sino una iglesia bautista.

Gracias también al señor Rex Johnson, mi profesor de consejería en el Seminario, quien compartió conmigo los conocimientos y experiencias que son la base de este libro.

Mi gratitud a mi profesor de teología, el Pastor Alex Montoya quien, cuando en uno de mis exámenes, recibió mi nota anunciando que esa sería mi última clase, pues carecía del dinero necesario para continuar mis estudios, determinó que yo no debía salir del Seminario, y recomendó que me otorgaran una beca para continuar allí.

Mi agradecimiento para todos aquellos que me apoyaron hasta que logré culminar mi meta de prepararme con excelencia para este ministerio que tanto amo. Hoy, todos ustedes, están ministrando conmigo, las enseñanzas que comparto por medio de cientos de estaciones de radio, con los incontables pastores y personas que anualmente asisten a mis conferencias, bendicen a muchos debido al apoyo que recibí y aún hoy continúo recibiendo.

Mis queridos mentores, he cumplido mi promesa. Les dije que su apoyo serviría para que en el futuro ministre a quienes no han tenido el privilegio de prepararse formalmente, y éste es uno de los varios libros que el Señor me ha dado la oportunidad de escribir con el propósito de ayudar.

Mi más profundo agradecimiento a mi esposa e hijos, por permitirme salir del hogar por tantas horas: gran parte del tiempo que les pertenecía lo ofrendaron al Señor para que me fuera posible dedicarme a mis estudios.

Finalmente, y no por ser menos importante, sino porque Él es el principio y el fin de todo, muchas gracias al Señor que me dio la vida y la energía suficiente para lograr esta gran meta, y por todos los dones y talentos que me otorgó para que hoy pueda estar al servicio de mis hermanos.

Y a aquel que es poderoso para guardaros sin caída, y presentaros sin mancha delante de su gloria con gran alegría, al único y sabio Dios, nuestro Salvador, sea gloria y majestad, imperio y potencia, ahora y por todos los siglos. Amén. (Judas 24 y 25).

··· CAPÍTULO 1 ···

"Estoy convencido de que la ayuda sí ayuda, y que necesitamos prepararnos para saber cómo, cuando y en qué áreas ayudar".

El Asesoramiento Familiar

1. La necesidad de ayuda

En algún momento todos hemos recibido ayuda de alguien que decidió atender nuestra necesidad, y que además contaba con las capacidades necesarias para cumplir su objetivo. Desde el mecánico que arregló nuestra bicicleta hasta el médico que nos removió los cálculos renales, y el consejero que nos orientó al elegir una carrera, cada uno ha sido importante para nuestro desarrollo.

La historia también ha demostrado que ciertas personas, en condiciones apropiadas y con el conocimiento adecuado, fueron capaces de ayudar a otras a enfrentar conflictos de toda índole. La posibilidad de dar guía u orientación a otro individuo también es factible en el área emocional, y no sólo en la parte técnica.

He tenido el privilegio de ayudar a muchas personas y creo que una de las experiencias más hermosas es comprobar que nuestra orientación, nuestras palabras y consejos, les han servido para enfrentar sus crisis personales.

Debido a que todas las personas necesitan orientación en algún momento, y que los niveles de madurez son siempre dispares, encontramos que algunos están más capacitados que otros por lo cual nos es posible aprender de sus experiencias y consejos. A raíz de esto, también han surgido una gran variedad de profesionales de ayuda que cumplen con una importante función en la sociedad como: capellanes, trabajadores y visitadoras sociales, abogados, ministros, psiquiatras, profesores, entrenadores en las distintas disciplinas deportivas, psicólogos, etc., cuyas disciplinas nacieron gracias al deseo de ayudar y orientar a los individuos que no utilizan sus propios recursos porque no saben cómo hacerlo, o con el fin de que adquieran nuevas técnicas y formas de enfrentar los problemas que no hayan podido resolver. Por otra parte, aunque es cierto que en las diferentes áreas de conflicto se requiere de la orientación de distintos especialistas y de técnicas muy diversas, también lo es que todas aquellas personas que han recibido sabiduría por parte de Dios tienen la posibilidad, en forma general, de consolar a otros en sus crisis.

No todos pueden ayudar

Las buenas intenciones y la empatía de una persona no son suficientes para dar sabias orientaciones. Aunque la mayoría de nosotros es capaz de prestar ayuda en las necesidades mínimas, lamentablemente no todos podemos orientar, de manera sabia y profesional, a quienes tienen necesidades específicas y, por lo tanto, requieran de un tratamiento fructífero.

El solo hecho de contar con experiencia no nos capacita para ayudar, y no todos los que aprenden a resolver problemas técnicos son capaces de enfrentar sus problemas personales. Seguramente usted conoce profesionales inteligentes que han destruido sus familias, no por maldad sino por inhabilidad. También existe el otro lado de la moneda: muchos profesionales que pese a ser efectivos en sus servicios técnicos o profesiones, no son muy eficientes en el manejo de las relaciones interpersonales o en las relaciones con su propia familia. Un mecánico puede solucionar los problemas que una persona tenga con su automóvil, pero no puede ayudarla a vencer el temor de manejar. Mientras usted estudiaba, sus profesores lo orientaban y le impartían conocimiento. Pero al mismo tiempo, tenía otras necesidades que lo motivaron a buscar otro tipo de ayuda en esas mismas personas, aunque no siempre pudieron brindársela porque no a todos les es posible resolver ciertas situaciones de conflicto.

"Por el solo hecho de adquirir experiencia no estamos capacitados para vivir ni para ayudar, y no todos los que aprenden a resolver problemas técnicos aprenden a enfrentar problemas personales. La prueba es que existen muchos profesionales inteligentes que han destruido sus familias, no por maldad, sino por inhabilidad. Para saber enfrentar problemas debemos prepararnos y cuando la solución escapa de nuestra competencia, debemos buscar alguien que nos pueda orientar con profesionalismo y excelencia".

Algunos pueden prepararse para ayudar

La intención, al escribir este libro, es ser un instrumento de orientación para que no sólo los consejeros o los pastores puedan desarrollar la habilidad de ayudar, sino también otras personas que sientan compasión y mucho amor por la gente, y que además posean el potencial de dar orientación sabia, si reciben primero sabia orientación. En la sociedad existen muchas personas que por su profesión o tipo de trabajo que realizan, están en contacto permanente con las necesidades humanas y a muchas las buscan para recibir su consejo.

En las congregaciones cristianas, la búsqueda de asesoría no se limita sólo a los pastores. En los grupos de afinidad y de apoyo, en las células familiares, existen personas que no tienen acceso a sus líderes en forma regular y ante la necesidad de recibir asesoramiento buscan a aquel que esté más inmediato, sea que esté preparado o no. Tanto ancianos, como líderes de grupos familiares, diáconos, y líderes de jóvenes, damas y grupos de varones, son consultados regularmente por los nuevos creyentes que comienzan a aprender a vivir en un estilo de vida nuevo y basado en valores diferentes. Mi deseo es ayudar a quienes lo planeen o no, se verán involucrados en esta hermosa pero difícil tarea de aconsejar sabiamente. Este es un libro de guía para todos los lideres que deseen adquirir conocimiento, aprender técnicas y desarrollar empatía con los que se encuentran en necesidad ya que en algún momento buscarán su ayuda por tener más experiencia o una posición de autoridad.

Estoy convencido de que no todos los pastores pueden orientar profesionalmente, pues algunos no tienen la capacidad de aconsejar y no todos han sido llamados por Dios para cumplir esa función ministerial; por esto, a aquellos que se han autoelegido, Dios no los ha capacitado para ayudar. Pero debido a la existencia de millones que sí han sido llamados, y puesto que muchos no han tenido la oportunidad ni el privilegio de estudiar asesoramiento familiar, mi intención es entregarles conocimiento y herramientas para que puedan realizarlo con excelencia. Estoy convencido de que todos ellos pueden hacerlo si toman la determinación de prepararse con diligencia y de adquirir las técnicas indispensables.

Creo que es obvio que quien recibe orientación adecuada puede responder mejor en la vida. En un estudio de 400 evaluaciones psicoterapéuticas se llegó a la conclusión de que el aconsejado que ha recibido alguna terapia actúa mejor que el 75% de los individuos que no han sido tratados. En mi práctica personal también he comprobado que quienes han pasado por un proceso de asesoramiento poseen más herramientas y pueden enfrentar las crisis con mayor conocimiento. Podemos concluir que la ayuda sí ayuda, pero necesitamos prepararnos para saber cómo y en qué áreas es necesario hacerlo.

Por existir diferentes formas de acercamiento a los conflictos, por lo complicado que se puede tornar el relacionarse con otros y por lo complejo de las necesidades humanas, se requiere de una gran preparación. Parte de ella es adquirir la suficiente información con respecto a los problemas que pueden enfrentar el hombre y la mujer. Un buen consejero no sólo debe tener conocimientos sino, además, herramientas, una buena actitud y sabiduría para orientar con excelencia y en forma práctica a aquellas personas que, al confiar en él, le comparten sus más íntimas necesidades.

> *"Estoy seguro de que la ayuda sí ayuda, y que necesitamos prepararnos para saber cómo, cuándo y en qué áreas ayudar".*

2. El conocimiento de los problemas

En este estudio usaré las palabras "problemas" o "conflictos" en forma intercambiable. El conflicto es una situación específica o un conjunto de situaciones que enfrenta una persona, y ante las cuales necesita responder adecuadamente para poder funcionar con efectividad en el ambiente que la rodea. Estamos hablando de "un problema" o de "un conflicto" cuando el aconsejado reconoce, o bien ignora, que carece de una respuesta efectiva disponible para confrontar esa situación determinada.

A lo largo de mi carrera he enfrentado innumerables conflictos, y mientras más vivo, más me doy cuenta de que no existe lógica cuando se trata de asumir los problemas de la vida. La razón: éstos son tan variados, las circunstancias tan diferentes y las personas tan únicas en la forma y actitud con que los enfrentan, que no siempre existen soluciones fáciles, ni las encontramos de manera natural. Los conflictos de las emociones y de las relaciones interpersonales son más difíciles que los problemas matemáticos, pues para estos hay soluciones exactas. Después de años de asesorar y contactar a miles de personas en crisis, creo que las situaciones problemáticas pueden resolverse, pero no siempre resulta fácil y, por lo tanto, se requiere contar con una sabia preparación. Debemos utilizar todos nuestros recursos para encontrar la solución y tener la voluntad de buscar ayuda especializada cuando el problema nos demande mayor experiencia o sabiduría.

> *"Después de años de asesorar y contactar a miles de personas en crisis, estoy convencido de que las situaciones problemáticas pueden resolverse, pero no siempre hacer esto resulta fácil y, por lo tanto, se requiere contar con una sabia preparación".*

Existen algunas razones generales por las que los conflictos son complicados:

Porque el ser humano actúa y responde por medio de sus sentimientos y emociones

Es muy difícil entender y luego buscar la solución apropiada para los conflictos de alguien, pues en el asesoramiento tratamos con sus sentimientos y emociones. Los seres humanos tenemos la habilidad de fingir, esconder o manipular. Algunas personas con problemas se vuelven expertas en mostrar emociones que no sienten. Por ejemplo, alguien puede fingir un sentimiento cuando llora pidiendo perdón por un pecado cometido, pero es posible que no tenga la intención de abandonarlo. Sólo quiere pasar el mal rato y evitar las consecuencias de su acto de maldad, pero no cambiar en realidad.

"Es difícil encontrar soluciones cuando los aconsejados fingen sus sentimientos y manipulan a los demás con sus emociones".

Esteban, muy compungido, solicitó a su esposa que le diera una oportunidad. Él me buscó para que sirviera de intermediario ante Elena, pues ella rechazaba la idea de volver. Logré que accediera e iniciara el proceso de asesoramiento. En las tres primeras sesiones, Esteban se mostraba muy acongojado y pedía perdón mientras lloraba, porque su esposa lo había sorprendido en una relación adúltera. Después de la cuarta sesión, Elena me comentó que notaba a su esposo extraño, y que en varias ocasiones vio que se incomodaba cuando recibía llamadas en su teléfono celular. Establecimos un plan para sorprenderlo y comprendimos que las lágrimas de Esteban eran de cocodrilo. Nunca había dejado a la otra persona y tanto sus lágrimas como las promesas de cambio y las muestras de arrepentimiento, sólo eran una táctica para enmascarar lo que verdaderamente sentía.

LECCIÓN: El arrepentimiento no es un acto que involucra solamente una demostración emocional del momento, sino algo que la persona a quien se ofendió debe comprobar con el paso del tiempo. Sin embargo, debemos aceptar el dolor que el otro expresa, pues no hay forma de comprobar si lo hace sinceramente o no, pero la persona ofendida debe mantenerse vigilante para ver si las acciones del arrepentido demuestran su sinceridad.

Es difícil aconsejar con certeza, pues la persona puede esconder sus emociones y al evaluar lo que vemos podemos llegar a conclusiones equivocadas. En medio de una situación conflictiva con su cónyuge, y para evitarse más complicaciones, uno de los miembros de la pareja puede demostrar externamente que todo está bien, y ocultar su enojo o tristeza creyendo que así evitará nuevos problemas.

No todas las personas que acuden a un consejero tienen la intención de cambiar. Algunos buscan consejos por razones erróneas. Otros están convencidos de que es su cónyuge quien debe hacerlo, manipulan al consejero para que esté de su lado. Muchos acuden a consejería obligados por su cónyuge, sólo porque les están dando la última oportunidad y por el temor de que su relación matrimonial termine, y aunque acceden al proceso, en realidad no están interesados sino en "salvar su pellejo".

Si en la vida diaria podemos manipular nuestros sentimientos, también se puede hacer cuando se está pasando por un proceso de asesoramiento y no hay verdadera intención de cambio. Por eso se esconden sentimientos, y si el consejero se encuentra frente a un problema difícil es preciso que se tome el tiempo necesario y utilice todas las técnicas conocidas para cumplir su labor.

> *"Debido a que las emociones se pueden fingir, es imprescindible realizar un trabajo profesional y capacitado. Los consejeros que no se toman el tiempo para investigar, que responden en forma simplista, que son impresionados por las muestras emocionales de los aconsejados o no tienen profundidad en su evaluación, no podrán comprender la naturaleza de los problemas, ni ayudar efectivamente en su solución".*

Durante varias sesiones René se mostraba sonriente y seguro de sí mismo, y reiteraba que había perdonado el adulterio de su esposa. Pero poco a poco, el examen de sus acciones me fue demostrando lo contrario. Ni siquiera entendía lo que era el perdón, ni dejaba de controlar severamente a su esposa, a pesar de que durante meses ésta le había demostrado su arrepentimiento. Luisa mantenía una buena sujeción a las normas del procedimiento de restauración de la confianza que habíamos acordado, y renunció a su trabajo donde había conocido a su amante. Dio a conocer su nuevo horario y llegaba a su casa a la hora acordada. No tenía una mala actitud cuando su esposo hacía preguntas, pero nada satisfacía a René. Aunque en las sesiones continuaba demostrando que todo estaba bien, en la relación con su esposa le demostraba rechazo.

LECCIÓN: El consejero no debe limitar su labor a comprobar el cambio de actitud que los aconsejados demuestran en las sesiones de asesoramiento. Los reportes de la conducta en el hogar y del progreso de la relación, son esenciales para determinar si están volviendo a tener relaciones saludables.

Los conflictos humanos son difíciles de tratar

Todos sabemos que diferentes individuos pueden tener reacciones muy distintas ante las mismas circunstancias. Esa es una de las razones por las que necesitamos conocer los problemas y también a las personas, para que esta difícil tarea de investigar la raíz de los conflictos pueda ser realizada. Es imprescindible hacer notar a los aconsejados que cada uno verá solamente lo que está preparado para ver, porque cada persona ve la vida en forma distinta. Nuestro juicio sobre un problema común puede ser tan distinto como la descripción que dos personas hagamos de un mismo objeto, dependiendo de qué lado y con qué óptica lo vemos.

Por ejemplo, María estaba cansada y molesta por la actitud de su marido, porque lo consideraba extremadamente pasivo y sin autoridad. Por lo general ella actuaba de manera enérgica y grosera con su hijo. Luis, en vez de gritarle, como lo hacía su esposa, cuando el niño dejaba sus cosas desordenadas lo trataba con tranquilidad y al mismo tiempo con energía, pero sin presionarlo. Según María, su esposo estaba equivocado porque no actuaba como ella, y quería una actuación más fuerte, inmediata y con mayor presión.

Luis no reaccionaba, o lo hacía lentamente. Maria y Luis eran muy distintos y tenían diferentes formas de actuar en la vida, pero no lograron aprovechar esas diferencias para enriquecer su situación. La labor del consejero era orientarlos para que les fuera posible ver cuánto puede dar cada uno, y lo importante que es mantener bajo control sus reacciones extremas y debilidades. Ella tenía la virtud de confrontar los conflictos cuando ocurrían, pero se iba al extremo de la rudeza: su debilidad era alterarse con facilidad. Luis tenía la virtud de tratar a las personas con tranquilidad y respeto, pero se iba al extremo de la pasividad. Es natural que frente a un mismo problema existan distintas reacciones, pues somos diferentes. Estas reacciones presentan un gran desafío para el consejero, quien debe ayudar a equilibrar las cosas.

Por ésta y otras razones, un consejero que simplifica al máximo los problemas dará soluciones superficiales que al final no ayudarán. Por otro lado, tampoco el consejero debe dejarse vencer por la complejidad de las situaciones problemáticas. Aun cuando esté enfrentando un caos, debe ayudar al aconsejado a buscar alguna opción, recordando siempre que muchos de los problemas que enfrentamos se deben a que no sabemos cómo manejarlos. El consejero debe entender que no necesita convertirse en un sargento que da órdenes duras e irrevocables, o en un general que entrega la estrategia y quiere que los soldados la sigan sin razonar. El consejero debe entender que nadie actúa efectiva y fructíferamente sin comprender la problemática y adquirir la habilidad de manejarla.

Debe ayudar a sus pacientes a entender que son ellos quienes necesitan aprender a usar sus propios recursos para comenzar a manejar la situación problemática de una manera más efectiva, pues la forma como lo han estado haciendo hasta el momento ha sido inadecuada. La vida nos mete en situaciones críticas que demandan una respuesta sabia y no siempre la tenemos. Ser inteligente, por ejemplo, y fallar en la escuela es un problema que requiere solucion. Estar desempleado a pesar de tener una buena profesión y gran disposición para trabajar, es algo que debemos resolver cuanto antes. Afrontar la vida cuando se nos ha diagnosticado un cáncer es tan dificil como cuando fallamos en nuestra relación matrimonial a pesar de todos los esfuerzos que hagamos.

Cuando la gente siente que no está manejando adecuadamente sus problemas o se sienten vencidos por ellos, por lo general buscan ayuda. Por supuesto, también existen algunos individuos que insisten en tratar de arreglar las cosas aunque hayan comprobado que no pueden hacerlo, y otros que por su gran orgullo no aceptan la ayuda disponible.

3. Las Metas del Asesoramiento

3.1 Metas generales

Los consejeros efectivos son los que ayudan a sus aconsejados a que ellos mismos aprendan a manejar, ya sea un poco o mucho más efectivamente sus situaciones problemáticas con la orientación necesaria y las herramientas adecuadas.

Por supuesto, hay situaciones que no cambiarán, pero debemos saber cómo ayudar a que aprendan a vivir de manera adecuada bajo aquellas circunstancias. Los aconsejados sólo podrán hacerlo cuando cambien su percepción y comprensión de los hechos.

Algunas situaciones problemáticas son mucho más llevaderas que otras, pero siempre habrá cosas imposibles de manejar, humanamente hablando. Se les puede ayudar a enfrentar lo inevitable con sabiduría, hasta que poco a poco aprendan cómo actuar con responsabilidad ante esa difícil realidad. Especialmente, es necesario que los que se inician en esta labor acostumbren hacerse algunas preguntas que son claves para tener una guía que les permita avanzar en un proceso bien pensado. El consejero debe hacerse preguntas concretas, tales como:

¿Tengo la capacidad y el conocimiento para orientar sabiamente a estas personas, o debo buscar ayuda de alguien más experimentado? (Recuerde que el aconsejado depende de su orientación).

¿Qué pasos debo instituir para tener un proceso sabio, lógico y bíblico de ayuda?

¿Qué habilidades necesito para ayudar al aconsejado a moverse adecuadamente durante este proceso?

¿Qué debo pedir a los aconsejados para que puedan colaborar en este proceso de ayuda?

¿Tengo la capacidad de determinar si mis aconsejados están dispuestos a ser honestos y a pasar por el proceso?

¿Qué recursos y habilidades necesitan los aconsejados para poder colaborar?

Si la ayuda está funcionando, ¿qué debo hacer para evaluar regularmente?

¿Cómo saber cuándo entregar responsabilidades al aconsejado?

Éstas y otras preguntas permiten al consejero determinar cuál es su capacidad de orientar y motivar a otros para que obtengan las habilidades y herramientas necesarias para manejar sus conflictos. Es un error pensar que podemos ayudar a eliminar todos los problemas, pues algunos acompañarán a los aconsejados durante toda su vida; pero en esos casos sí podemos ayudar a que él sepa cómo reaccionar de una manera saludable frente a lo incambiable.

"Aunque los consejeros no podemos eliminar todos los problemas, especialmente las situaciones crónicas, sí somos capaces de ayudar a los aconsejados a enfrentar lo inevitable con sabiduría, y así mejorar su calidad de vida".

Francisco estaba viviendo una experiencia dolorosa que lo tenía deprimido, desesperado y dispuesto a quitarse la vida. El médico le había diagnosticado un cáncer fulminante. Tenía 52 años y sabía que su muerte era inminente. Comenzó a sentirse totalmente amargado, deprimido, absolutamente enojado y angustiado. Después de un período de angustia, y no poder manejar su realidad, decidió buscar asesoramiento. El proceso ayudó a Francisco a aceptar su realidad y gradualmente aprendió a manejar la última etapa de su vida. Francisco comenzó a tomar a Dios en cuenta, y comprendió que Él podía hacer un milagro, aunque no siempre lo hacía, pero que sin Dios le sería mucho más duro pasar por los períodos de angustia que vivía. Entró en la dimensión de la fe y ésta le permitió ver que el ser humano no era sólo carne y huesos, sino también espíritu y alma.

Francisco se había convertido en una persona aislada y resentida. No quería hablar con nadie ni ver a ninguna persona, pero en este proceso pudo aprovechar su tiempo con su familia y hasta aconsejar a sus hijos, a fin de que éstos buscaran a Dios. Él aceptó su realidad y comprendió que, en medio de la crisis, una buena actitud no sólo lo ayudaba personalmente, sino que también era mucho mejor para su familia. Este proceso de consejería le sirvió para sentirse útil y manejar su tiempo en forma adecuada. Los momentos de angustia y depresión, fueron de corta duración y con la ayuda del consejero y el apoyo de su familia pudo manejarlos de manera más efectiva.

Francisco ya no intentaba manejar la situación solo, ya no se encerraba continuamente abatido por la angustia, la depresión y la amargura. Ahora tenía la libertad de reír cuando lo sentía, y de llorar y pedir oración cuando la tristeza lo agobiaba.

En el caso de Francisco, la meta de mi ayuda no fue cambiar la situación, porque él moriría de todas maneras, pero sí de ayudarlo para que los nueve meses que Dios le permitió vivir fueran menos destructivos. Falleció sabiendo que tendría vida eterna después de la muerte, y con paz en su corazón.

LECCIÓN: En los casos de enfermedades terminales debemos ayudar a los aconsejados a lidiar en forma saludable con su realidad incambiable. Esto es, comprender que lo más terrible no es morir, pues todos tendremos ese fin, sino morir resentido y sin esperanza.

3.2 Metas del asesoramiento familiar

Nivel uno: ayudar a los aconsejados a comprender quién es Dios y quiénes son ellos en Cristo

Pablo, escribiendo a los Colosenses (1:9-11), les dice que está orando por ellos y en sus peticiones establece cuáles son las metas que tiene para todos los cristianos. Todos los creyentes debemos tener estas mismas metas y el asesoramiento debe motivarnos y entrenarnos para que logremos lo que el apóstol nos presenta como necesario:

Que comprendan la voluntad de Dios con sabiduría. Pablo dice que su meta es que *"seáis llenos del conocimiento de su voluntad en toda sabiduría...*" Su deseo es que comprendan el propósito, la voluntad de Dios para sus vidas, que entiendan cuáles son sus responsabilidades como hijos del reino de Dios, pues conociendo lo que Él les demanda, los valores que deben tener, y aplicándolos a sus vidas, su estilo de vida será diferente.

Que hagan todo esfuerzo por vivir como corresponde a hijos de Dios. Pablo les dice que quiere, como producto de conocer y practicar la voluntad divina, que *"andéis como es digno del Señor, agradándole en todo...*"

Que vivan vidas fructíferas. Pablo les dice que ora a Dios para que mientras vivan en esta sociedad, en su familia y en la congregación, lo hagan *"llevando fruto en toda buena obra...*" Todo creyente debe dar frutos y hacer evidente, en sus palabras, actitud y conducta, la regeneración que obtuvo.

Que continúen creciendo hacia la madurez mediante un incremento constante de su conocimiento de Dios. Pablo anhela que los colosenses sigan su proceso y regularmente incrementen su conocimiento de Dios, pues así continuarán creciendo en su fe, su confianza, su potencial, sus responsabilidades, etc.

Que estén llenos de la fortaleza de Dios. Pablo les manifiesta que ora por ellos porque quiere que anden *"fortalecidos con todo poder, conforme a la potencia de su gloria...*" Que su vida no sea cambiante, que tengan buen fundamento, que dependan del poder de Dios y que no sean llevados por los vientos de ideas de los hombres, que dependan del potencial que está disponible en su Dios omnipotente.

Que perseveren con paciencia en la vida cristiana. El apóstol declara que ellos deben elegir vivir con "paciencia y longanimidad..." Pablo sabe que estas dos virtudes son esenciales y los anima a perseverar, a mantenerse serenos, ecuánimes, con firmeza y constancia en este caminar que demanda paciencia.

Pablo dice que este maravilloso Dios que tenemos nos transformó, a todos sus hijos, independientemente de los traumas, experiencias dolorosas, aflicciones, pecaminosidad, debilidades y limitaciones, debido al amor con que nos amó y al poder que obra en nosotros. Note lo que tenemos por pertenecer al Dios poderoso quien con su gracia nos salvó, según los versículos 12-14 de la Carta a los Colosenses:

Somos herederos. Tenemos riquezas espirituales disponibles, las cuales debemos disfrutar. Pablo manifiesta que Dios *"nos hizo aptos para participar de la herencia de los santos de luz..."* El aconsejado debe entender que es un hijo legítimo con todos los beneficios que eso implica.

Somos libres del dominio satánico. No importa qué haya ocurrido en nuestro pasado, ni cuánto estuvimos involucrados en el reino de las tinieblas. Ahora, por estar en Cristo, Él *"nos ha librado de la potestad de las tinieblas y trasladado al reino de su amado Hijo..."* Satanás no puede dominarnos, sus acusaciones ya no sirven, no debemos vivir atemorizados pues estamos en el reino de la luz y el que está en nosotros es mayor y más poderoso que el que está en el mundo. Pablo agrega que en Cristo *"tenemos redención por su sangre...*" Ya no estamos en el mercado de esclavos dominados por nuestro antiguo amo, pues ahora pertenecemos al Rey de reyes y Señor de señores. El aconsejado debe comprender que no existe el demonio de la gripe, que Satanás no puede poseerlo, que si se hubiera involucrado anteriormente en la lectura de cartas, quiromancia, con brujas, adivinas, o con psíquicos, todo eso ya no tiene ningún poder en el presente. Ahora tiene el poder de Cristo para reprender a Satanás, y por la orden del Hijo de Dios y mediante el poder de Dios, éste tiene que huir. El aconsejado debe entender que él tiene poder de Dios en su vida y que realmente está libre del dominio satánico. Debe conocer que aunque estará expuesto a las insinuaciones y la presión satánicas, Satanás puede tocarlo hasta donde el Señor lo permita, y con un motivo divino en mente.

Somos perdonados. Pablo agrega que en Cristo tenemos *"el perdón de los pecados"*. Que Dios hizo provisión para que nuestros pecados pasados, presentes y futuros fuesen perdonados. El aconsejado debe entender que todo lo que hicimos sin conocer a Cristo y hasta el momento de nuestro arrepentimiento para aceptarlo como nuestro Salvador, fue perdonado por nuestro Señor y su gracia cubrió todos los pecados. El aconsejado debe saber que no tiene por qué vivir bajo culpabilidad, y que debido a que es pecador, y a pesar de la lucha que debe tener, continuará pecando, pero que al arrepentirse, Dios le continuará perdonando.

Nivel dos: ayudar a los aconsejados a comprender los recursos que tengan

Dios nunca demandaría de sus hijos nada que no podamos cumplir. Por eso, Él ha provisto, a los creyentes, de todo lo que necesitan para vivir vidas fructíferas y realizadas.

Pablo dice que en este mundo él está *"trabajando, luchando según la potencia de Él, la cual actúa poderosamente..."* en su vida personal (1:29). También explica con claridad el extraordinario recurso que tiene para poder vivir una vida madura, y que como ha descubierto esta fuente de poder y la utiliza con sabiduría, desea fervientemente que los colosenses, y por extensión todos los cristianos, comprendan estas verdades. En el capítulo 2, versículos 1 al 4, agrega que mantiene una gran lucha por ellos y por *"todos los que nunca"* habían visto su rostro. Su batalla es para que *"sean consolados sus corazones, unidos en amor..."*, su meta, que ellos alcancen *"todas las riquezas de pleno entendimiento..."* y el propósito, *"conocer el misterio de Dios el Padre, y de Cristo...."* Pablo quería que conocieran profundamente las verdades que en otro tiempo permanecieron ocultas, pero que ahora estaban a su disposición por tener a Cristo y porque en el que habita en nosotros *"están todos los tesoros de la sabiduría y del conocimiento..."*

Pablo sabía que existían doctrinas falsas, maestros engañadores, ideas humanas y exigencias religiosas que podían impedir que el creyente viviera una vida plena. Por eso se preocupaba por mostrarles con claridad las ventajas que tenían por estar en Cristo, para que permanecieran firmes y nadie los engañara *"con palabras persuasivas"*. Nadie debía impedirles alcanzar el potencial que tiene todo cristiano, y lograr *"asir aquello para lo cual"* fueron asidos por Cristo.

Pablo les explica (versículos 9 y 10) que en Cristo *"habita corporalmente toda la plenitud de la Deidad"*. Les dice que la plenitud de Dios estaba en el Hijo y que en Él tenemos todo lo que necesitamos para nuestra salvación y para vivir una vida cristiana madura. Cuando tenemos a Cristo, nos sometemos a Su voluntad y aplicamos Su Palabra, no necesitamos de nada más para vivir una vida madura. Pablo dice que nosotros estamos *"completos en Él, que es la cabeza de todo principado y potestad"*.

El deseo del apóstol (2:6-8), el gran líder y consejero es que sus aconsejados no se dejen engañar por lo atractivo de las ideas mundanales, que no crean que las técnicas sutiles de la filosofía del mundo, que las ideas de autorrealización, de superación personal, de autoanálisis, realizadas sin el poder de Cristo y sin someternos a los principios de la Palabra de Dios, podrán permitirnos vivir la vida que Él nos demanda. Los aconsejados deben comprender que *"de la manera que"* nosotros hemos *"recibido al Señor Jesucristo"*, así debemos hacer todo esfuerzo por andar *"en Él"*. El aconsejado debe entender que no podrá vivir como agrada a Dios, si vive engañado *"por medio de filosofías y huecas sutilezas, según las tradiciones de los hombres, conforme a los rudimentos del mundo, y no según Cristo"*. Más bien debe entender que para vivir una vida fructífera y realizada debe andar en el Señor, *"arraigados y sobreedificados en Él, y confirmados en la fe, así como habéis sido enseñados, abundando en acciones de gracias"*.

"Dios nunca demandaría de nosotros, sus hijos, algo que no podamos cumplir. Por eso, Él nos ha provisto de todo lo que necesitamos para que nuestras vidas sean fructíferas y realizadas. Los consejeros debemos ayudar a los aconsejados a entender que si obedecen las demandas de su Señor, y rechazan la atractiva pero errónea filosofía mundana, ellos pueden vivir con felicidad, pues su vida no está basada en el mundo y sus mentiras, sino en Dios y su verdad".

Nivel tres: *ayudar a los aconsejados a saber cómo conducirse hacia la madurez*

En la iglesia de Colosas, los falsos maestros creían que la madurez espiritual era sólo el privilegio de unos pocos, un plan secreto y oculto, pero Pablo dice que Dios había revelado el misterio que estuvo oculto, y ahora se hace evidente que Cristo en nosotros es *"la esperanza de gloria"*. Dios planificó que Cristo viva en nosotros y que tengamos en Él la posibilidad de vivir para la gloria de Dios, cuando lo hacemos como hijos de Dios, como miembros de familia, padres, madres, hijos, empleados, empresarios, líderes de la iglesia, maduros. Pablo anuncia a Cristo y amonesta a todo hombre, y enseña *"en toda sabiduría, a fin de presentar perfecto en Cristo Jesús a todo hombre"* (Colosenses 1:28-29).

Todo hombre, toda mujer, toda persona, independientemente de su pasado o de su situación presente, tiene la posibilidad de alcanzar la madurez. Es deber de un consejero amonestar, aconsejar, corregir a todo hombre y además, enseñar, instruir, adiestrar y educar, a fin de presentar un individuo maduro por su obediencia y sujeción a Cristo.

Muchas de las frustraciones que tenemos al no saber enfrentar los conflictos, se deben a la falta de madurez. Los adultos que actúan como niños o adolescentes, no sólo sienten sus conflictos como insuperables, sino que por su inmadurez crean más conflictos a los demás. Lo triste es que un inmaduro difícilmente se declarará como tal, pues tiende a pensar que tiene sabiduría y capacidad suficiente para salir de determinadas situaciones problemáticas, a pesar de seguir viviendo en ellas.

Entender y aceptar el grado personal de madurez es clave para iniciar un proceso de crecimiento que dé como resultado el aprender a enfrentar la vida con sabiduría. Eso es lo que debemos lograr con los aconsejados. Cualquiera puede dar directrices y esperar que la gente siga sus planteamientos, pero no todos pueden mostrar un mejor camino y lograr que el aconsejado escoja vivir, por sí solo, con valores y principios diferentes. Esta tarea del consejero es fundamental, pues la gente necesita conocer su estado o situación con Cristo, y aprender a vivir en esa relación. Debemos recordar que somos consejeros cristianos. Esto no significa forzar a la gente no cristiana a convertirse, pero sí darle a conocer lo imprescindible que es relacionarse bien con el autor de la vida. Ellos deben conocer que la espiritualidad es clave, no sólo para adquirir una alta moralidad, sino también para lograr el respeto y dignidad en las relaciones interpersonales. Si el aconsejado no es salvo, debemos ser sabios y prudentes y hacerle ver cuán importante es Cristo cuando se trata de enfrentar los problemas. Si el aconsejado es cristiano, pero no está caminando seguro de su posición en Él, necesita entenderla.

Hay cristianos espiritualmente ricos, que viven como pobres. Hay cristianos que no entienden su posición en Cristo o tienen concepciones equivocadas. Si un cristiano no tiene la fe correcta, intentará satisfacer sus necesidades integrales de una forma equivocada e independiente de Dios. Nadie puede caminar por la fe si piensa erróneamente y su fe no tiene un buen fundamento bíblico. Quien así piensa, vivirá de manera equivocada. Ninguna persona puede comportarse de una manera diferente a los valores que tiene. Valores equivocados llevan a conductas equivocadas, a pesar de la sinceridad de la gente en su búsqueda de Dios. Lo que somos, lo que creemos, determina lo que hacemos. Quien decide que Cristo será el Señor de su vida, también debe someter sus valores a lo que su Señor quiere. Si un cristiano no se ve a sí mismo de la manera que Dios lo ve, estará constantemente luchando con un conflicto de aceptación de sí mismo y de las verdades divinas que son esenciales para corregir las conductas humanas erróneas.

> *"Entender y aceptar su grado de madurez, y tomar las medidas para alcanzarla, es clave para iniciar su proceso de crecimiento que debe resultar en aprender a enfrentar la vida con sabiduría. Toda persona, independientemente de su pasado o de su situación presente, tiene la posibilidad de alcanzar la madurez. Es deber de todo consejero amonestar, aconsejar, corregir a todo hombre y además, enseñar, instruir, adiestrar y educar, a fin de presentar un individuo maduro por su obediencia y sujeción a Cristo".*

En esta carrera hacia la madurez y la meta de aprender a lidiar con los conflictos con sabiduría, es imprescindible aprender a sortear los obstáculos naturales que aparecen. Para eso cumplimos la función de aconsejar. Estamos haciendo esfuerzos para enseñar a las personas a utilizar sus habilidades y el poder de Dios para enfrentarlos.

Si una persona necesita asesoramiento, es indudable que en algún área de su vida han aparecido obstáculos que le impiden enfrentar determinadas circunstancias y lograr sus objetivos. En mis aconsejados generalmente encuentro barreras en una, algunas o en todas las áreas de su personalidad. Si el viaje hacia la madurez fuera fácil, todos la alcanzarían, pero la realidad nos indica que es difícil. Para lograr la madurez se necesita dar pasos, adquirir conocimiento y practicar dominio propio.

Debido a que los seres humanos no somos sólo cuerpo y los problemas no son solamente físicos, también enfrentamos algunos obstáculos que nos presentan fuertes desafíos para lograr la meta de aconsejar de manera bíblica y práctica:

El obstáculo espiritual: El aconsejado no tiene una relación con Dios

Si el aconsejado no es un hijo de Dios, no se interesará por los valores divinos ni tendrá a su disposición el poder que Él ofrece a sus hijos. Sin Dios la vida no tiene sentido. Hemos sido creados con la necesidad de tener una relación con Él y quienes la desprecian tendrán un permanente vacío espiritual, que no podrá ser llenado con nada. Las reglas de moralidad que practique dependerán exclusivamente de su criterio personal, que ha sido formado por las influencias que haya tenido. La moralidad de su familia, los principios aprendidos de la sociedad y su propia intuición serán el fundamento en la toma de decisiones. Su vida estará basada en valores relativos, y debido a que todas las personas han tenido una formación diferente y además, a que intentarán imponer sus criterios pensando que son mejores, se creará el ambiente propicio para desarrollar conflictos más serios.

A pesar de sus criterios divergentes, dos personas diferentes, al amar a Dios y estar sujetos a las enseñanzas bíblicas y a un liderazgo maduro, tienen un punto de encuentro que les permite conciliar sus diferencias. Los valores cristianos son absolutos. Ellos no cambian con el paso del tiempo, ni por los cambios que realizan los legisladores o el pensamiento de la sociedad. Son inmutables y tienen en mente el bienestar de la familia de acuerdo con su Creador, y no el bienestar personal acorde con los gustos individuales.

"Un no creyente en Cristo puede vivir una vida de excelencia si tiene una alta moralidad y amor por su familia, pero no puede vivir una vida como Dios la diseñó, pues para hacerlo conforme al diseño divino necesitamos someternos al poder de Dios, a los mandamientos establecidos en la Biblia, luchar contra nuestra pecaminosidad y vivir dentro de su soberana voluntad".

Cuando aconsejamos a creyentes también podemos descubrir un obstáculo espiritual: si un cristiano ha interpretado algo erróneamente, lo aplicará y el resultado será un error. Los hijos de Dios pueden encontrarse en la etapa de bebé espiritual o de un hijo inmaduro, y por ello no comprenden ni aprovechan los grandes recursos que Dios ha dejado a su disposición.

> *"Algunos cristianos tienen interpretaciones sinceras, pero equivocadas, de los mandamientos bíblicos y actúan basados en esos criterios. Quien no ha interpretado las Escrituras apropiadamente y basa su vida en el resultado de esa limitada interpretación, nunca podrá alcanzar la madurez ni vivir con realización".*

Marina se sentía triste y desesperada a pesar de estar muy involucrada en su congregación y ser líder en ella. Nadie dudaba de su pasión por Dios, pero ya no aguantaba la soledad. En la congregación siempre estaba rodeada de personas a quienes ayudaba, pero ella se sentía desesperada. Había aprendido que conocería la voluntad de Dios en algún momento, cuando Él decidiera revelársela. Tenía 38 años y anhelaba casarse, pero hasta el presente Dios no le había mostrado quién sería su esposo, y ella continuaba en una espera que, por ser errónea, la angustiaba. Marina era profesora de su escuela dominical, y líder de las señoritas de su iglesia; cada semana preparaba sus estudios y constantemente debía aconsejar, basada en la voluntad revelada de Dios. Pero nunca le habían enseñado que esa voluntad no se revela en una experiencia espiritual, sino en la investigación profunda y adecuada de la misma, en las Sagradas Escrituras.

LECCIÓN: Nuestro consejo no debe estar basado en las emociones humanas o en nuestra experiencia, sino en una interpretación correcta de las Escrituras, las técnicas adecuadas de asesoramiento y nuestro conocimiento del ser humano. Esa combinación, unida a la oración ferviente en busca de sabiduría, la guía soberana del Espíritu Santo que siempre está presente, nos permite desarrollar la capacidad de aconsejar sabia y bíblicamente.

He tenido la oportunidad de aconsejar a personas que fueron guiadas de manera errónea, a pesar de que sus consejeros fueron cristianos bien intencionados, pero bíblicamente mal informados. He recibido cientos de cartas de personas que han leído *Cartas a mi amiga maltratada*, y me han confesado que vivieron años de confusión y sufrimiento, pues el consejo de sus líderes para enfrentar la violencia doméstica fue que mantuvieran siempre una vida de oración para que Dios cambiara al cónyuge violento. Ellas oraban y oraban, siguiendo el consejo que les daban, pero la situación nunca cambiaba. Esas mujeres fueron mal aconsejadas por líderes sinceros que malinterpretaban las Escrituras.

Para aconsejar sabia y bíblicamente no basta leer la *Biblia* con sinceridad ni buena intención. Ni siquiera basta con la pasión por Dios y sus principios. Para vivir en forma saludable y desarrollar una vida cristiana efectiva, es imprescindible comprender bien su relación con Cristo, definir bíblicamente los términos. Los aconsejados que tienen un error en su definición de la sumisión de la mujer o de la autoridad del hombre, no pueden asumir una relación saludable. Si tienen en mente la definición que entrega el mundo, la filosofía machista o feminista, o las interpretaciones bíblicas legalistas, tendrán la definición equivocada de un término bíblico correcto. Los consejeros cristianos debemos estar convencidos de que la definición de los términos que realizamos esté basada en principios y mandamientos bíblicos bien interpretados. Ruth aceptaba el maltrato en su relación conyugal, pues tenía pasión por Dios y su Palabra y quería obedecerla. El proceso de asesoramiento le demostró que su definición de sumisión de la mujer estaba basada en una interpretación machista de las Escrituras, y en una errónea definición de la autoridad del hombre. La definición lógica o basada en nuestro conocimiento limitado de los términos que se incluyen en los mandamientos divinos, lleva a serios errores humanos, a pesar de nuestra pasión por Dios y nuestra disposición a obedecer su Palabra (1ª Juan 5:11-13).

El Obstáculo Racional: La persona no tiene el conocimiento imprescindible para manejar los conflictos

Para manejar los conflictos necesitamos contar con ciertas habilidades y conocimiento, y nadie lo sabe todo. Muchos ignoramos algo en la vida y siempre necesitamos estar aprendiendo a desarrollar nuestras habilidades y conocimientos con el fin de prepararnos para mayores desafíos.

Todos, en cierto momento, ignoramos qué hacer en algún área de nuestra vida, porque no entendemos qué pasa, ni tenemos las herramientas o desconocemos cómo usarlas, o qué opciones están a nuestra disposición. El profeta Oseas (4:6) nos recuerda esta realidad y dice que, por desechar o faltarle el conocimiento, es decir, por la rebelión o la ignorancia, la gente perecía. La destrucción de la gente y de las naciones se debe a la ignorancia, a la falta de desarrollo, al rechazo a adquirir conocimiento, a la pereza por prepararse, a falta de lectura, de buscar consejo, de asistir a conferencias, de aprender de otros. La destrucción de las personas, las familias y las naciones también se debe a la rebelión, aunque muchas personas saben qué deben hacer, no les importa.

El Obstáculo Emocional

Todos tendemos a enfrentar la vida movidos por las emociones que experimentamos. Debido a que éstas son variables, también lo serán nuestras respuestas a las diferentes situaciones que enfrentemos. En medio de los conflictos las emociones están totalmente alteradas, y por eso respondemos de formas no apropiadas. A causa de nuestras respuestas emocionales erróneas, nos sentimos heridos y podemos guardar rencores y resentimientos que nos impiden relacionarnos sabiamente. Cuando buscamos ayuda podemos manipular nuestras emociones, demostrar algo que no sentimos o aparentar algo con el propósito de engañar y así dificultar el proceso de asesoramiento.

"Nuestra vida emocional puede convertirse en un serio obstáculo para nuestro desarrollo. No son maduros los que se dejan dominar por sus emociones. Si la persona permite que éstas dominen su vida, los temores, los traumas, la ira y el resentimiento pueden convertirse en obstáculos para alcanzar la madurez".

El Obstáculo de la Voluntad

Nuestra naturaleza pecaminosa siempre nos incitará a hacer las cosas a nuestra manera. Vivimos en medio de una inmensa lucha con nuestro viejo hombre. No es natural aceptar los mandamientos y valores divinos, esenciales para continuar nuestro viaje hacia la madurez. En cambio, tendemos a hacer lo que queremos, cuando queremos, de la forma que queremos y donde queremos, y eso impide nuestro crecimiento. En muchas ocasiones sabemos lo que debemos hacer, pero insistimos en hacer nuestra voluntad.

Los consejeros debemos ayudar a los aconsejados para que sepan superar los obstáculos que les impiden continuar regularmente su camino hacia la madurez. Ayudarlos a ver la forma o formas en que se están rebelando contra la autoridad de Dios y las consecuencias que esta rebelión produce, ayudarlos a establecer convicciones bíblicas serias y que se comprometan a vivir por ellas. Solamente así podrán tener una vida estable y mantener relaciones saludables. Ninguna persona puede tener estabilidad y proseguir en su camino hacia la madurez, si en lugar de actuar o reaccionar basado en sus convicciones, lo hace movido por sus emociones. Lo que permite que el aconsejado viva una vida madura y normal es la estructura bíblica moral, basada en sus principios y valores.

Nivel cuatro: Edificar a la persona en Cristo (Colosenses 2:7)

El asesoramiento brinda la oportunidad de educar a las personas, hacerles conocer lo que verdaderamente son en Cristo, y motivarlas a que continúen creciendo en su fe. Los consejeros podemos ayudar a que entiendan la necesidad de seguir edificando su vida.

Pablo dice que, si utilizamos con sabiduría los dones que Él soberanamente nos ha dado para que seamos fructíferos, nuestra unidad con Cristo nos capacita para servir a los demás. El Espíritu Santo ha dado a cada cristiano dones especiales para ayudar en el proceso hacia la madurez del resto de los creyentes. Dios llamó a determinadas personas y las capacitó con dones especiales, con el fin de *"perfeccionar a los santos"* (Efesios 4:11-12). Dios quiere que todo cristiano, incluso el que es un bebé espiritual, crezca hacia la madurez; que todos ellos, con la ayuda de los líderes que el Espíritu Santo capacitó, se conviertan en un hijo maduro *"a la medida de la estatura de la plenitud de Cristo"* (v. 13) .

> *"Los consejeros cristianos que entendemos que hemos sido llamados por Dios para edificar la vida de los aconsejados, debemos prepararnos con dedicación, pues somos como escultores que tienen la responsabilidad de grabar en los creyentes que buscan orientación, la imagen del Cristo que nos llamó".*

3.3 La necesidad del asesoramiento familiar

Alguien declaró erróneamente que la única razón por la que se realiza el asesoramiento pastoral es «para jugar a los psiquiatras y exaltar el ego de los pastores de una manera poco saludable». Hay quienes piensan que los pastores deben seguir predicando y evitar el asesoramiento. Aparentemente, aquel individuo no se daba cuenta de que una de las mejores maneras para autoexaltarse podría ser la predicación (*Christian Counselling*, Gary Collins, p.13). El autor cita las palabras de Wayne Oats, quien dice: «El pastor, no importa su entrenamiento, no disfruta del privilegio de elegir si va o no a aconsejar a la gente, porque ellos inevitablemente le traerán sus problemas para tener una mejor guía y un cuidado más sabio. Si el pastor permanece en el ministerio pastoral, no puede evitar esta parte de su tarea. Su elección no es aconsejar o no aconsejar: la única opción que tiene es aconsejar de una forma disciplinada y con las adecuadas habilidades, o hacerlo de una manera indisciplinada y sin las habilidades».

Esa es una gran verdad. Los pastores siempre aconsejan y muchas veces sin tener la preparación adecuada. Como no hay mucha posibilidad de estudiar el asesoramiento pastoral como disciplina y como carrera, y debido a que en los institutos bíblicos no se destacan en los estudios de asesoramiento, la gran mayoría de los pastores no tiene la preparación formal necesaria para ejercer con eficiencia y profesionalismo esta inevitable función pastoral.

Aunque algunos pueden pensar que el asesoramiento exige demasiado tiempo y quita espacio a la función pastoral, la verdad es que, junto con la predicación de la palabra y la oración, es una de las labores más importantes. Mediante la oración el pastor mantiene su intimidad con Dios y su dependencia del poder divino; por medio de la predicación proclama las verdades divinas e instruye a la congregación, y con el asesoramiento verifica si sus enseñanzas están siendo aplicadas a las situaciones personales de sus aconsejados.

> *"Si un consejero no dedica tiempo y esfuerzo para prepararse, si actúa de manera indisciplinada y sin adquirir las debidas habilidades, su labor no sólo es ineficaz, sino además peligrosa, pues existen decisiones de vida o muerte que tienen una importancia radical para la vida de los aconsejados".*

La necesidad de la gente

Una de las realidades más tristes que existe en nuestra América Latina es la poca importancia que se ha dado al asesoramiento, y los pocos recursos de esta índole que hay disponibles en nuestro medio. Esta gran necesidad de consejería se ve aumentada por el hecho de que la mayoría de los miembros de las congregaciones evangélicas tienen una mayor apertura, existe un mayor sentimiento de hermandad y, por lo tanto, la mayoría de las personas en algún momento de su vida buscará ayuda pastoral.

El pastor es alguien que está íntimamente ligado a la vida y la problemática de la familia. En muchas ocasiones tiene la oportunidad de vivir todo un ciclo junto a muchas familias, desde el nacimiento, el bautizo, la enseñanza en la infancia, la educación en la adolescencia, los conflictos de la juventud, la ayuda en consejería prematrimonial, el matrimonio, el nacimiento de los hijos, etc., y luego, con el crecimiento de los hijos, todo el proceso vuelve a repetirse, lo cual va demandando orientación. Los conflictos en las relaciones familiares, las necesidades cambiantes de cada individuo, los problemas laborales, matrimoniales, emocionales y muchas otras vivencias de los miembros de una congregación proveen un universo de necesidades que exigen preparación y mucha sabiduría.

La necesidad de preparación de los consejeros

Tristemente, muchos pastores en América Latina no tienen entrenamiento teológico formal, y mucho menos en el campo del asesoramiento. ¿Significa esto que para ellos este ministerio está negado? De ninguna manera. La necesidad de asesoramiento de la gente debe ser satisfecha, y la experiencia pastoral, así como un mayor conocimiento de las verdades escriturales, son recursos que deben ser usados, pero sin descartar la obligación que tienen de prepararse. Creo que cada pastor debería recibir formación en este campo. Las denominaciones deberían proveer de cursos a sus pastores; éstos deberían buscar estudios rápidos que no los aparten totalmente del ministerio, y participen en ellos mientras siguen ministrando.

Las congregaciones también deberían dar la libertad necesaria para que sus pastores se preparen, y si ellos no tuvieran la oportunidad de hacerlo por motivos ajenos a su voluntad, en último caso deberían buscar libros que los ayuden a autoeducarse, si fuera posible con el asesoramiento de otros pastores. Además, el pastor que no puede prepararse más para su labor de asesoramiento tiene otra oportunidad de realizar bien su función pastoral, recordando que él no puede hacerlo todo y, por lo tanto, debe permitir que algunos de sus líderes se preparen, adquiriendo material para que sepan cómo recomendar herramientas de ayuda sobre situaciones específicas.

3.4 La realidad del hombre

Además de conocer profundamente las Escrituras, el consejero cristiano también tiene la obligación de conocer la realidad del ser humano. Hombres y mujeres fuimos creados muy diferentes por Dios y tienen grandes virtudes y también sus defectos, y no podemos orientar a los matrimonios sin conocer profundamente las necesidades de ambos sexos.

La raíz de los conflictos

Es imposible practicar el asesoramiento cristiano en forma efectiva sin partir de la realidad que vive el hombre de acuerdo con la Palabra de Dios. El Dr. Neil Anderson, quien fue uno de mis profesores en el Seminario Talbot, en su índice de consejería pastoral presenta importantes enseñanzas sobre la realidad del hombre pecador, tan dignas de analizar que quiero compartir algunas con ustedes.

El conocer la situación en que se encuentra el hombre es vital para comenzar adecuadamente todo proceso de consejería. El consejero podrá entender mejor la raíz de los conflictos, si entiende la realidad espiritual del hombre. Los no regenerados están bajo el señorío del pecado, pues como en Adán todos pecamos, todo hombre está bajo condenación. Sólo los hijos de Dios, que han sido regenerados, están en Jesucristo, disfrutando de una vida nueva pues han sido partícipes de un nuevo nacimiento.

El siguiente cuadro nos ayudará a comprender las tres posibilidades en que se pueden encontrar los aconsejados:

EN ADAN	EN CRISTO
El Viejo Hombre - muere 1ª Corintios 15:22a	El Nuevo Hombre - es vivificado 1ª Corintios 15:22b
Tiene naturaleza pecaminosa ... Por ancestro	Es copartícipe de la gracia divina 1ª Pedro 1:4
Permanece en la carne. Sigue en el pecado. Romanos 8:8	Permanece en el Espíritu Romanos 8:8
Camina en la carne... Por elección... Camina satisfaciendo los deseos de la carne como un acto de rebelión Romanos 8:12-13a	Camina en el Espíritu Gálatas 5:16 Romanos 8:13b, 14

Comprendiendo la condición del hombre

Existe una gran variedad de personas que buscará consejería, pero a la luz de la Palabra de Dios (I Corintios 2: 14 y 15) podemos notar que son tres los tipos de personas que estarán en relación con el consejero:

El hombre natural (persona que no ha conocido a Dios, que no tiene un Salvador personal).
El hombre carnal (cristiano que vive permitiendo que la carne tenga señorío en su vida).
El hombre espiritual (cristiano que está permitiendo el señorío de Jesucristo en su vida).

El hombre natural

Todos los seres humanos vivimos las consecuencias de nuestras relaciones imperfectas. Algunas personas enfrentan conflictos porque han experimentado el rechazo de sus amigos o familiares, y necesitan ayuda. Otros se sienten, o son, culpables de haber causado dolor a sus seres queridos. Algunos han cometido pecados que no sólo les han traído dolorosas consecuencias personales, sino también a sus familiares. Otras personas están incapacitadas para enfrentar las circunstancias por la debilidad que experimentan debido a experiencias traumáticas anteriores, o por las consecuencias de sus propios pecados. Algunos, antes de ser cristianos, vivieron un estilo de vida pecaminoso y destructivo. Pablo dice que *"mientras estábamos en la carne, las pasiones pecaminosas..."* que *"obraban en nuestros miembros..."* produjeron *"fruto para muerte"* (Romanos 7:5).

Condición del no creyente

Sin Cristo no tenemos intención de agradarle y vivimos dominados por los deseos de la carne. En ese estado somos criaturas de Dios, parte de Su creación, pero no hijos de Él, porque para serlo se necesita nacer de nuevo y vivir el proceso de regeneración que realiza el Espíritu Santo. El hombre que vive en esas condiciones, es decir, alejado de Cristo, es descrito en la *Biblia* como un ser humano que, debido a su situación pecaminosa, se siente:

- *Rechazado.* Pues su pecado lo separa del Dios que le ama, y por lo tanto **tiene necesidad de pertenencia:** necesita pertenecer a Dios.

- *Culpable.* Porque su condición pecaminosa le hace sentirse indigno y, por lo tanto, **tiene necesidad de dignidad.**

- *Débil.* El hombre sin Cristo está, por su debilidad, a expensas del pecado. Por lo tanto, **tiene necesidad de fortaleza.**

Bajo las condiciones descritas anteriormente, todo ser humano experimenta conflictos. Por eso el hombre sin Dios se siente vacío. Está separado de Dios y experimenta el dolor del rechazo divino debido a su pecado. Se siente culpable y no puede funcionar conforme a las demandas de Dios. Se siente débil para enfrentar la vida y sus desafíos. El hombre tiene una naturaleza pecaminosa que lo incita al pecado. Nadie está libre, pues según el concepto bíblico todos nacimos en esa condición (Romanos 5:12). El pecado es resultado del engaño satánico que hace creer al hombre que el real significado y el máximo propósito en la vida puede ser alcanzado sin tener una relación personal y obediente con el Creador de la vida (Deuteronomio 30:19-20; 1ª Juan 5:11-12). En una persona no cristiana, quien domina es el viejo hombre. El no creyente está gobernado por su naturaleza pecaminosa, y por esa razón sufre las consecuencias, pues el pecado afecta integralmente al ser humano, produciendo conflictos espirituales, emocionales y físicos.

Efectos del pecado

El asesoramiento cristiano cumple una función muy importante en la vida de una persona que está sufriendo las consecuencias del pecado, pues éste destruye las relaciones interpersonales, la persona, y afecta toda su vida. El pecado es el gran obstáculo para desarrollarnos de una manera saludable y luego relacionarnos con los que nos rodean con sabiduría y amor. Según la Palabra de Dios, el pecado en la vida del hombre puede afectar todo su ser:

- Afecta su cuerpo (Isaías 1: 4-6).
- Afecta sus sentimientos afectivos (Jeremías 17:9-10; Romanos 1:26-27).
- Afecta su intelecto (Efesios 4:17-18; Romanos 1:28).
- Afecta el espíritu (Efesios 2:1-2).
- Afecta la voluntad (Romanos 6:16; 2ª Pedro 2:19).
- Afecta las emociones (Efesios 4:19; 2ª Timoteo 3:1-4).

Variedad del pecado

El hombre sin Dios es esclavo del pecado y la *Biblia* presenta una gran variedad de ellos. Observe lo que la Palabra enseña:

Toda injusticia es pecado... (1ª Juan 5:17). Las injusticias son las acciones que se salen de los límites de la justicia divina. Es el cometer acciones que son erróneas ante los ojos de Dios.

Y al que sabe hacer lo bueno y no lo hace, le es pecado. (Santiago 4:17). Este versículo describe la omisión de acciones que son correctas. Es no hacer algo que entendemos como correcto delante de Dios, pero sabiendo que es bueno preferimos no hacerlo para obedecer solamente a nuestra naturaleza corrompida.

Todo aquel que comete pecado, infringe también la ley; pues el pecado es infracción de la ley... (1ª Juan 3:4). Ésta es la violación de los estándares de Dios, de los mandamientos establecidos en su Palabra.

... Pero si hacéis acepción de personas, cometéis pecado... (Santiago 2:9). Éstas son las acciones que nos mueven a discriminar a las personas, cuando por ejemplo, alguien hace lo bueno a otro porque puede resultar beneficiado por él, pero ignora y no beneficia a aquellos de cuya amistad no obtendrá ningún beneficio presente o futuro.

Consecuencias de la caída

La caída del hombre en el pecado, es decir, su rechazo de los mandatos divinos, no dejó a la raza humana sin consecuencias. Nadie puede romper las leyes de Dios y evitar la disciplina de un Padre amoroso y justo. El pecado cometido por el primer hombre provocó serios conflictos que desde ese entonces han sido transmitidos a toda la humanidad. La *Biblia* advierte que todo lo que el hombre sembrare, eso también segará, y aunque Dios perdona todos los pecados que le confesamos, nunca nos exime de las consecuencias de ellos.

El hombre no perdió completamente la imagen de Dios, la misma que recibió en la creación. Si así hubiera ocurrido, habría dejado de ser hombre. Espiritualmente murió, su naturaleza moral quedó corrompida y su imagen severamente deteriorada, pero no perdió su capacidad de pensar, sentir y escoger. No es posible romper las leyes de Dios y resultar ilesos.

En la Palabra de Dios podemos ver con suficiente claridad las graves consecuencias que resultaron del deseo del hombre de hacer su propia voluntad, a pesar de que era contraria a la voluntad de Dios. Por cierto, Dios lo restauró, pero eso no significa que el hombre pudo volver a ser el que era antes de la caída. Es precisamente allí donde el asesoramiento bíblico cumple una función importante, al dar la posibilidad de orientar a otros para que descubran su inhabilidad de cambiar su naturaleza pecaminosa y motivarlos a buscar a Dios. Debemos estar en condiciones de ayudar a que entiendan que el pecado produjo, y sigue produciendo, consecuencias que afectan nuestra vida y nuestras relaciones interpersonales, y que al aplicar el consejo bíblico es posible saber cómo manejarlas.

En la caída, Adán y Eva obtuvieron lo que querían: el conocimiento del bien y del mal, pero lo lograron de la manera equivocada y por ello el resultado fue desastroso. Ellos no actuaron en libertad, sino que usaron la libertad como libertinaje, y por esto cayeron en un mundo de esclavitud. Una de las realidades del pecado es que no sólo los afectó a ellos, sino que tal efecto se extendió y por lo tanto, hoy todos los seres humanos vivimos en un mundo lleno de pecado y afectados por nuestra propia naturaleza pecadora. Por eso, las relaciones interpersonales y nuestra propia vida son difíciles. Como consecuencia de la caída debemos enfrentar diariamente nuestra realidad y depender de Dios para saber cómo actuar, responder, hablar y reaccionar, y qué actitud debemos tomar para vivir una vida saludable. Otra consecuencia es que, en forma natural y automática, somos incapaces de relacionarnos bien con Dios, con la gente y ni siquiera podemos ser buenos mayordomos de nuestra vida.

Por eso necesitamos la instrucción bíblica, pues ella revela el consejo de Dios. También la dirección y la consejería de los líderes cristianos que conocen las Sagradas Escrituras y las interpretan bien, pues ellos fueron designados por Dios para *"edificar a los santos"* y para ayudarnos a continuar con nuestro proceso hacia la madurez. La caída de Adán y Eva dejó grandes marcas e impedimentos para cumplir la voluntad divina, pero la nueva vida que podemos obtener en Cristo nos da la oportunidad de llevarla a cabo ajustándonos a los planes, mandamientos y deseos divinos. Sin embargo, es nuestra labor cambiar esa manera de pensar, para poder vivir de una forma diferente, agradable a Dios y beneficiosa para nosotros y quienes nos rodean.

El cuadro siguiente nos ilustra en los diferentes pasajes bíblicos, los cambios que se produjeron en el hombre como efecto de la caida; la Biblia también describe los tipos de cristianos que hay, según se conduzcan bajo el dominio de la carne o del Espíritu Santo.

ANTES DE LA CAIDA	DESPUÉS DE LA CAIDA
EN SU NATURALEZA	
Justo	Hijos de ira. Ef. 2:3 Destituidos de la gloria de Dios. Rom. 3:23
EN LO RACIONAL	
Veraz Correcto	Entendimiento entenebrecido. Ef. 4:18 No hay quien entienda. Rom. 3:11
EN LO ESPIRITUAL	
Vivo	Ajenos de la vida de Dios. Ef. 4:18 La muerte. Rom. 3:11
EN LO EMOCIONAL	
Salvo Seguro	Perdieron sensibilidad. Ef. 4:18, 19 Condenación. Rom. 5:18
EN LA VOLUNTAD	
Libre Albedrio	Inclinación a pecar. Ef. 4:19 Mente reprobada para hacer cosas que no convienen. Rom. 1:20

"Nuestra naturaleza pecaminosa es la razón principal de nuestros conflictos, y es deber del consejero guiar a los aconsejados a admitir su necesidad de un Salvador, de vivir en obediencia a la Palabra y la responsabilidad de desarrollar su dominio propio y el discernimiento, para poder luchar contra sus tendencias pecaminosas en todo momento".

El cristiano inmaduro

Otro aconsejado que busca la orientación es el cristiano inmaduro. Todo cristiano tiene algún área de inmadurez. Existen tantos grados de madurez como cristianos. Mientras más áreas de continuo pecado lo afecten, más conflictos tendrá en su relación con el Señor. No hay dos grandes divisiones entre los cristianos. No podemos decir que quien comete un acto pecaminoso viva siempre una vida carnal, aunque es cierto que en el momento actuó carnalmente y su acción fue inmadura. Siendo libres de las demandas de la ley y del dominio del pecado, los cristianos tenemos todo lo que necesitamos para caminar consistentemente en el Señor, pero la verdad es que todavía pecamos, y aunque quisiéramos, nunca podremos obedecer perfectamente a Dios basados en nuestras propias fuerzas. Solamente tendremos victoria total sobre el pecado cuando tengamos un cuerpo glorificado. Porque elegimos actuar dominados por los deseos de la carne, necesitamos del asesoramiento para saber cómo desarrollar dominio propio y crecer en la vida cristiana para actuar con mayor madurez.

Podríamos decir que a un cristiano le es posible tener actitudes y acciones inmaduras y en el momento en que actúa conforme a los deseos de su propia carne lo hace como un carnal (Romanos 7 y 8; 1 Corintios 3; Gálatas 5). Hacer su propia voluntad a pesar de conocer la voluntad de Dios, es la respuesta a las situaciones de la vida de quienes son llamados «carnales» por el apóstol Pablo. Cuando él le escribe a los corintios, les dice que son «carnales» y los describe como bebés espirituales. En ellos, la carne está ganando la batalla a su espíritu, y esto ocurre por el propio anhelo de rebelarse contra la voluntad de Dios. De la misma forma, hay maridos que actúan carnalmente cuando, en vez de enfrentar un conflicto con sabiduría, utilizan palabras groseras. Una esposa que ignora las necesidades sexuales de su marido y rechaza cumplir con su deber conyugal, está actuando carnalmente. Dos jóvenes que no respetan a sus padres y que deciden atacarse constantemente y utilizar palabras destructivas, están actuando de manera carnal.

Es posible que un cristiano caiga en acciones o reacciones pecaminosas, y eso es lo que la *Biblia* describe como «*andar conforme a los deseos de la carne*». Todo cristiano que se deja dominar por su naturaleza pecaminosa está actuando carnalmente, sea por un minuto, un día, un mes o un año.

El hombre que ha decidido vivir de esa manera se mantendrá en su carnalidad si no confiesa su pecado y lo abandona. Mientras viva carnalmente está sujeto a la disciplina divina. Quien así actúa es hijo de Dios, pero en forma voluntaria ha elegido dejarse dominar por su vieja naturaleza. La tendencia del hombre es centrar su interés en sí mismo en vez de anhelar cumplir con la voluntad del Señor.

La carne es el medio que usa el pecado para mantener a la voluntad bajo su dominio. Satanás no ha cambiado de estrategia, y de la misma forma como actuó con Eva, lo hace con nosotros motivándonos en tres áreas de debilidad. Según 1ª Juan 2:16, Satanás estimula:

«Los deseos de la carne», es decir, provee para los deseos o apetitos físicos.

«Los deseos de los ojos», induciéndonos a satisfacer nuestro anhelo de poseer cosas y vivir en el materialismo, en vez de en una vida centrada en el reino de Dios.

«La vanagloria de la vida», alimentando nuestro ego para que vivamos con orgullo y egocentrismo.

Génesis 3: 6 nos describe con suma claridad, cómo Eva respondió a los atractivos que le fueron presentados por Satanás. Sin duda, éste conocía las áreas donde debía atacarla. Podemos notar que cuando ella intenta explicar la razón de haber decidido actuar en desobediencia, presenta tres frases muy descriptivas. Note que ella «vio» que el árbol era: **«Bueno para comer»** = fueron estimulados los *"deseos de la carne"*. Nos muestra la búsqueda de satisfacción de los apetitos físicos: **«Agradable a los ojos»** = fueron estimulados los *«deseos de los ojos»*. Nos muestra la búsqueda de satisfacción de los anhelos de posesión: **«Codiciable para lograr**

sabiduría» = fueron estimulados sus deseos de disfrutar la *"vanagloria de la vida"*.

En resumen, nos muestra la búsqueda de la satisfacción del ego. El cristiano que decide actuar carnalmente recibirá una serie de consecuencias. En lo espiritual, pone una barrera en su relación con Dios, y debido a su rebelión experimentará la disciplina divina. En lo físico, al vivir dominado por su carnalidad, el cristiano puede sufrir tensiones, dolores frecuentes de cabeza, problemas estomacales, alergias, etc. En lo emocional, puede sufrir de ansiedad, amargura, obsesiones, fantasías, depresión.

Como el creyente vivirá batallando con su naturaleza pecaminosa, el asesoramiento es necesario, pues los sermones entregan conocimiento, pero el asesoramiento permite el encuentro personal y la evaluación del progreso en el manejo de sus debilidades, pecados o conflictos personales. Pablo dice que no es posible esconder algunos hechos que son muy reales. En Romanos capítulo 7 nos recuerda lo siguiente, con respecto a nuestra naturaleza pecaminosa y nuestra batalla con la desobediencia:

El versículo 4 nos revela que: *No podemos vencer la desobediencia por nuestros propios medios.* Sólo con la ayuda de Jesucristo y del Espíritu Santo podemos vivir una vida de victoria. Los aconsejados deben comprender su necesidad de depender de Dios y de los medios que nos permiten fortalecer nuestra vida espiritual.

Los versículos 15b, 18-19 nos revelan que: *No podemos cumplir todos nuestros buenos deseos.* Los aconsejados deben comprender que sus frustraciones están contempladas en la *Biblia*. Que pese a sus buenos deseos e intentos de vivir en santidad y tener buenas relaciones interpersonales, fallarán una y otra vez.

El versículo 17 nos revela que: *No debemos atrevernos a ignorar nuestra naturaleza pecaminosa.* Por momentos puede estar dominada y dormida, pero no muerta, y el aconsejado debe ser consciente de vivir vigilante.

Los versículos 17, 20, 22, y 23 nos revelan que: *No debemos ignorar la batalla que se efectúa en nosotros.* Los aconsejados deben comprender que la batalla será permanente y que no deben descuidarse. Que tanto ellos, como sus cónyuges y cualquier miembro de su familia, pueden fallar y crear un nuevo conflicto en la vida familiar.

Los versículos 17, 20, 22 y 23 nos revelan que: *No debemos esperar que esta batalla termine hasta que seamos glorificados.* Debemos ayudar al aconsejado a comprender su realidad. Nunca dejaremos de pecar sino hasta que hayamos partido de este mundo.

Los versículos 22-24 nos revelan que: *Si tratamos de pelear en la carne, perderemos.* Ayudamos a los aconsejados cuando les hacemos entender que dos males nunca hacen un bien. Que cada vez que alguien nos falla, no debemos responder con otra falla, pues agravamos la situación. La respuesta natural estimula el responder mal cuando nos hacen mal, pues cuando peleamos en la carne, el mal será nuestra primera respuesta.

El cristiano espiritual

Tristemente, muchos de nosotros hemos sido enseñados de manera incorrecta. En vez de ser instruidos en reclamar el poder divino que poseemos y en vivir sobre los deseos de nuestra naturaleza pecaminosa, hemos aprendido solamente acerca de lo que debemos hacer después de la caída. La buena noticia es que Dios no nos salvó para que vivamos una existencia de derrotas miserables, sino que siempre nos da la posibilidad de ganar la victoria por medio de Él.

Los que andan en el Espíritu son aquellos en quienes el Espíritu de Dios habita y que en el momento están venciendo la carne y caminando en victoria debido a su responsabilidad personal y su dependencia de Él. Cristianos espirituales son aquellos que han sido salvados y que están disfrutando de una comunión adecuada con Dios. Son activos, productivos en la familia de Dios, actúan con diligencia y con «la mente de Cristo», aplicando la Palabra (1ª Corintios 2:16b). Tienen la visión espiritual que el hombre natural no puede tener. Ellos no sólo tienen un Salvador, sino también un Señor, y por eso le entregan a Él el dominio y control de su vida. La responsabilidad del creyente es luchar contra los deseos de la carne con la fuerza que proviene del Espíritu de Dios. Ésta es nuestra tarea diaria: debemos hacerlo momento a momento, y día tras día.

Los consejeros debemos ayudar a que los cristianos determinen vivir bajo la dirección del Espíritu, a que desarrollen su conocimiento sobre la forma de vivir conforme a la voluntad divina, a que aprendan a vivir con responsabilidad personal, y actúen en obediencia a las demandas de la Palabra. Los cristianos espirituales no son quienes leen más la *Biblia*, ni los que oran o cantan con mayor fervor, sino aquellos que viven en constante lucha contra la carne y han desarrollado su discernimiento y dominio propio, y por ello obran con madurez. Así lo confirman estas declaraciones de la Palabra del Señor que presentan dramáticas demandas a tomar acción.

Notemos que en distintas porciones de la *Biblia* somos llamados a realizar acciones importantes:

- *Considerarnos muertos al pecado y vivos para Dios* (Romanos 6:11).
- *Hacer morir las obras de la carne* (Romanos 8:13).
- *Vestirnos de Jesucristo y no proveer para los deseos de la carne* (Romanos13:14).
- *Caminar en el Espíritu y no proveer para los deseos de la carne* (Gálatas 5:16).
- *Hacer morir lo terrenal en nosotros* (Colosenses 3:5).

Algunos han enseñado que debemos producir santificación, pero eso es imposible. Nosotros debemos vivir en obediencia, nuestra cooperación es someternos a la dirección del Espíritu, la guía de su Palabra y Dios producirá esa santificación.

El **hombre espiritual** lo es mientras se deja dominar por el Espíritu y está viviendo en victoria. Mediante la obra del Espíritu en su vida, ha obtenido:

- **Salvación** (Juan 3:3, Juan 3:9ª).
- **Perdón** (Hechos 2:38, Hebreos 8:12).
- **Seguridad** (Romanos 8:16).
- **Aceptación** (1ª Juan 3:1).
- **Dignidad** (Efesios 2:10).

Debido a su caminar en santidad, está llevando buenas consecuencias a su vida: espiritualmente recibe la bendición divina y en él se cumplen las promesas dirigidas a los fieles. Tiene paz en su espíritu, como resultado de una buena relación con Dios y de tener intimidad con Él, y por ello también disfruta de buenas consecuencias emocionales. Tiene una mente más preparada para la acción, más libre de traumas y sentido de culpabilidad. Tiene una conciencia tranquila, y disfruta de paz, gozo y contentamiento, porque adquiere los frutos del Espíritu y actúa con amor, templanza, benignidad, bondad, fe, etc. Como consecuencia, también goza de beneficios físicos, pues está presentando su cuerpo como sacrificio vivo y es un buen mayordomo del templo del Espíritu. La responsabilidad del creyente es crucificar en cada momento la carne, con todas sus manifestaciones pecaminosas.

"Todos los problemas que enfrentamos se inician en la realidad de que el hombre es pecador, y que pese a sus buenas intenciones siempre cometerá pecados y equivocaciones. Los consejeros podemos ayudar a los aconsejados no cristianos a que aprendan a manejar sus situaciones conflictivas con mayor inteligencia, pero solamente podrán vivir una vida conforme al diseño del Creador cuando acepten a Cristo como su Salvador, y determinen vivir en obediencia y sujeción a Su Palabra".

··· CAPÍTULO 2 ···

*" Los consejeros debemos
desarrollar un alto sentido de
empatía con los aconsejados,
que nos permita comprender
su realidad, sus conflictos,
su incapacidad para resolverlos,
sus actitudes y sus sentimientos.
De esa forma tendremos
la oportunidad de enseñar
al aconsejado a desarrollar
nuevas perspectivas de sí mismo,
de su problema y de las
personas que lo rodean".*

El Consejero

1. Su organización

De acuerdo con la *Biblia*, todo creyente debe tener un corazón compasivo y una profunda preocupación por su próji-
mo, pero esto no significa que todos los cristianos son o
pueden llegar a ser consejeros. En Romanos 12:8 aparece el
don de consolación (*paraklesis*, palabra que significa «venir
junto a alguien para ayudarlo»). Implica la idea de amonestar, apoyar y consolar, y es un don espiritual que no todos
los creyentes tienen. Sin duda, todos pueden dar, en algún
momento, un consejo sabio y maduro sobre un asunto en
particular, si han tenido experiencias y si su consejo está
basado en la *Biblia*. Pero no todos tienen la capacidad de
orientar a las personas en las distintas situaciones que pueden estar viviendo.

El hecho de que el asesoramiento debe ser realizado por una
persona que tiene el don para hacerlo, a quien Dios le haya
dado la habilidad para cumplir esa misión, de ninguna
manera significa que no deba prepararse y organizar su trabajo. Así como los cristianos responsables y maduros no

esperamos que quien tiene el don de la predicación llegue al púlpito y solamente abra su *Biblia* frente al público sin haber preparado ni organizado su sermón, tampoco debemos esperar que la consejería sea realizada sin la indispensable preparación. Lamentablemente, hay quienes se han declarado predicadores y no han dedicado tiempo para prepararse a interpretar bien las Escrituras; también hay muchos que están actuando como consejeros sólo por la posición que tienen, o por el título que les ha sido entregado, pero sin la debida preparación. Cierto es que el Espíritu Santo lo sabe todo, pero son nuestras limitaciones humanas las que nos impiden tener completo conocimiento. También es cierto que el Espíritu Santo actúa cuando la persona ejerce su don, pero no es menos cierto que ese mismo Espíritu está presente cuando la persona se prepara para ejercitarlo, y que Él no tiene problemas en guiarnos. Pero cuanto menor sea nuestra preparación, más limitados estaremos.

Si queremos ayudar en forma adecuada a una persona, obligadamente debemos determinar que tendremos que organizarnos. Necesitamos saber qué queremos alcanzar en nuestra labor, en los casos que atendemos, para así poder desarrollar un proceso de ayuda a los aconsejados. Esto significa que es necesario contar con un programa bien delineado que nos indique el camino a seguir y que ayude al aconsejado a saber hacia dónde se dirige y las metas que le es preciso alcanzar. La consejería nunca se debe realizar al azar, ni debe ser una respuesta natural a las consultas que se nos realizan, sino el producto de un estudio apropiado que nos permite orientar con sabiduría, especialmente porque las personas buscan consejo para actuar conforme a la orientación recibida, y quien aconseja sin tener la capacidad puede, en vez de hacer bien, guiar a acciones equivocadas.

2. Su habilidad

Para poder ayudar a resolver conflictos no sólo es necesaria la organización, sino también tener las habilidades necesarias. Por lo menos, existen dos áreas generales que son de suma importancia:

Habilidad de ayudar

El consejero necesita tener habilidad para poder ayudar. Es decir, poder asistir al aconsejado en su necesidad específica y en cada etapa del proceso que vaya a seguir. Tal como lo mencioné anteriormente, no todas las personas tienen esta habilidad o don y sólo quien ha sido capacitado por Dios y ha agudizado sus habilidades instruyéndose adecuadamente logrará los propósitos de la consejería.

Habilidad de modelar

Debemos también proveer un modelo que ayude al aconsejado a afirmarse. Al ejemplificar estamos dándole elementos para que aprenda a enfrentar los problemas por sí mismo. El consejero es un educador, no sólo a través de sus palabras, sino también de sus acciones. Enseña por medio de la instrucción y del ejemplo, con el fin de que el aconsejado aprenda a usar sus recursos y pueda enfrentar las situaciones complejas de su vida.

Pablo dice a Timoteo: *"Si alguno anhela obispado, buena obra desea..."* Pablo enseña a su discípulo que ser obispo es un oficio importante y de influencia y que, además, es deseable, pero luego agrega algo importante: *"Pero es necesario que el obispo sea..."* y menciona una serie de requisitos. Es decir, que el solo deseo no es suficiente puesto que para poder ser elegido, hay una serie de premisas que cumplir. En este oficio se requiere que quien vaya a gobernar la Iglesia del Señor, sepa primero gobernar su propia casa. El principio que podemos desprender de este caso específico es sencillo, profundo y determinante, y es el siguiente: quien anhela estar en una posición de líder, debe convertirse en un modelo del liderazgo que desea tener. Creo que existe la misma demanda para todos los que desean aconsejar, y el principio es el siguiente: quien anhela aconsejar debe estar dispuesto y asumir la responsabilidad de ser un modelo para los aconsejados que buscarán su orientación. El consejero tiene la gran responsabilidad de modelar con sus propias acciones, mostrando la habilidad que tiene para enfrentar la vida. Tal vez ésta sea una de las principales causas de la escasez de consejeros.

> *"Quien anhela aconsejar con responsabilidad y precisión, debe estar dispuesto a asumir la responsabilidad de ser un modelo para quienes busquen su orientación".*

3. Su empatía

La empatía es la capacidad de sentir y comprender las emociones ajenas como propias, y esto se logra mediante un proceso de identificación con la persona. La empatía nos entrega la responsabilidad de identificarnos con las necesidades ajenas, pues su significado literal es «meterse dentro del otro». Eso es, precisamente, lo que necesitamos para participar en una profesión de ayuda a los demás. Necesitamos tener la habilidad de relacionarnos en forma adecuada con el aconsejado. Esto incluye un acercamiento integral. Más que simpatía necesitamos empatía para poder ayudar a la gente a desarrollar nuevas perspectivas de sí mismos, de sus problemas, de sus metas, y para que sean capaces de entender sus propios conflictos.

El ejemplo de Jesucristo: Su encarnación

El más grande ejemplo de empatía nos es presentado en el acto de encarnación de Jesucristo, quien antes de comenzar su ministerio se hizo humano. Juan 1:4 dice que «*El verbo se hizo carne y habitó entre nosotros*». Él podía simplemente haber habitado entre nosotros, pero eligió encarnarse. En este acto, el eterno Hijo de Dios se «hizo carne», habitó junto a sus contemporáneos, vivió las experiencias que ellos vivieron, y no sólo eso, sino que se convirtió en un ser humano y su empatía se extendió a todas las situaciones humanas que tuvo que experimentar.

Según Filipenses 2:5, Jesucristo podía conocer a los hombres mejor que lo que podemos conocernos a nosotros mismos. Siendo Dios, podía habernos conocido íntimamente sin necesidad de la encarnación, pero Él eligió hacerlo de esta manera, ser como nosotros, quienes necesitamos conocer y confiar en un Dios que experimentó la vida y los sinsabores humanos. Jesucristo se ganó nuestra confianza, el Señor tiene credibilidad, no sólo porque es Dios sino, además, porque estuvo caminando, comiendo, sufriendo y se identificó plenamente con la vida humana.

La empatía es fundamental en el proceso de relacionarse, no sólo en los criterios, opiniones, o empatía de la mente, porque entonces sólo estaremos ayudando intelectualmente. Debe existir una empatía que incluya el corazón, los sentimientos, porque así habrá mayores posibilidades de que la persona se sienta comprendida, motivada y con deseos de intentar los cambios que su vida necesita.

Muchas veces los consejeros quieren conocer de inmediato cuál es el problema del otro, y eso es imposible. Se debe esperar lo suficiente como para entender de la mejor manera posible la situación, y para que el aconsejado y el consejero estén preparados para comenzar a hablar del problema cuando sea oportuno y adecuado. La empatía nos prepara para tomar el tiempo imprescindible para conocer qué necesidad "viven" nuestros aconsejados. La empatía nos mueve a ser pacientes hasta que entendamos el problema lo más profundamente posible. Tal vez en determinados casos el consejero ya haya identificado por lo menos parte del conflicto, pero cometería un grave error si decide apresurarse y no esperar hasta cumplir las etapas necesarias para conocerlo, pues el aconsejado necesita establecer esta relación de confianza con él.

La empatía debe ser parte de todo proceso de consejería, especialmente en la etapa de relación, que es el primer piso del edificio. Sin ella, sin ese fundamento, no podemos seguir construyendo. Podremos continuar en el proceso solamente cuando la solidez que logramos en esa base nos dé la suficiente confianza y seguridad para seguir avanzando al segundo y al tercero.

Es muy importante, en esta etapa, escuchar todo lo que podamos y recordar que quizás Dios nos ha dado dos orejas y una boca, como un buen indicativo de que es mejor escuchar el doble de lo que hablamos.

Cuando el consejero no establece esta relación de confianza, está motivando al aconsejado a exagerar su problema, su dolor o su molestia, porque creerá que necesita presionar para ser comprendido. Recuerde que él está esperando establecer un buen vínculo, y si no se siente escuchado, no desarrollará la confianza necesaria para generar la debida conexión. La relación del consejero con el aconsejado, y viceversa, es el canal por el cual debe pasar la ayuda; la experiencia indica que muchas veces lo que cura es el amor, el afecto que puede otorgar una buena relación interpersonal.

Hay casos excepcionales en los que se puede establecer una relación en una sola sesión, pero esto ocurre en muy pocas ocasiones y las excepciones confirman la regla que dice que hay que establecer los lazos de confianza necesarios para que cuando el aconsejado abra su corazón, podamos realizar la debida evaluación inmediatamente. Por lo general, el aconsejado presenta al consejero su problema tal como lo concibe. Él no sabe cuál es su problema ni la solución: por eso ha decidido buscar una, y ya sea en forma inconsciente o consciente, presentará un problema que no es la raíz del conflicto. Recuerde que él también está pasando por la etapa de confirmar si puede, o no, confiar en el consejero. Mientras no exista la debida confianza, de nada vale que sigamos dando los pasos siguientes.

> *"Los consejeros debemos desarrollar un alto sentido de empatía con los aconsejados, que nos permita comprender su realidad, sus conflictos, su incapacidad, sus actitudes y sentimientos. De esa forma tendremos la oportunidad de enseñar al aconsejado a desarrollar nuevas perspectivas de sí mismo, de su problema y de las personas que lo rodean".*

4. Su desarrollo

Cuando me refiero al desarrollo como el deseo de progreso, de crecimiento, de desenvolvimiento de la capacidad de aconsejar, estoy motivando a los consejeros y pastores con mucho amor, para que realicen todo esfuerzo por incrementar su conocimiento, su habilidad y su empatía. Desarrollar es hacer que una cosa alcance su mejor estado. Los consejeros deben ser personas que anhelan y buscan un constante avance en las diferentes técnicas de la consejería. Necesitamos permanente actualización y dedicación a una labor que, descuidada, resulta inoperante, y en exceso, es decir, más allá de los límites de lo normal, irá en detrimento de la salud del consejero debido al profundo efecto emocional y a la gran cantidad de tensión que genera.

Los consejeros debemos desarrollarnos por lo menos en cuatro áreas:

4.1 En la comprensión de la labor

Debemos buscar formas de desarrollo y dedicar tiempo constante a la investigación, para comprender mejor la labor que realizamos. El leer libros, revisar ejemplos, tomar cursos, asistir a seminarios para consejeros nos ayudará para aprender conceptualmente el mundo de la consejería. Por ser una profesión que trata con las emociones, con los sentimientos, necesitamos recibir cada vez más información actualizada, pues nunca terminaremos de conocer al hombre y su complejo mundo.

> *"Un consejero que sinceramente anhela ayudar, pero sin estar preparado para comprender los problemas, no tiene fundamento bíblico ni preparación para aconsejar de manera sabia y pone en peligro la salud espiritual, emocional y física de sus aconsejados. Para poder ayudar a preparar a las personas para la vida, hay que aconsejar estando bien preparados".*

José Luis, un pastor de una congregación de aproximadamente 300 personas, me invitó a dar una conferencia sobre violencia doméstica. Al llenar el formulario que aparece en mi libro Cartas a Mi Amiga Maltratada, 22 de las mujeres asistentes resultaron ser víctimas. Algunas experimentaban abuso, otras sufrían maltrato, y 8 de ellas eran víctimas de violencia. José Luis admitió su error al enseñar a su congregación que la respuesta a la violencia era orar al Señor y tratar lo mejor posible al marido con la intención de conquistarlo. Sus palabras de arrepentimiento fueron impactantes: "Me arrepiento de haber permitido que tantas mujeres sufrieran por tanto tiempo. No entendía que mis consejos tendrían tan serias repercusiones".

LECCIÓN: Para aconsejar debemos prepararnos con diligencia con el fin de dar el consejo adecuado. Debemos aconsejar sólo en las áreas en las que realmente estemos preparados, y admitir con sinceridad cuando no nos es posible ayudar, porque no hemos aprendido sobre el tema consultado o no tenemos la capacidad para hacerlo. Ese es un acto de responsabilidad e integridad.

4.2 En el conocimiento de las emociones humanas

El consejero tiene que tratar siempre con emociones humanas, y por ello debe realizar todo esfuerzo por conocer más profunda y profesionalmente al ser humano. Las emociones no son malas, pero para comportarnos en forma madura debemos aprender a manejarlas. Ellas nos brindan la oportunidad de identificar qué estamos sintiendo. Nos indican si el aconsejado está amargado, resentido, triste, enojado, decepcionado o contento. Por ello es importante saber trabajar con las emociones y utilizarlas para beneficio del proceso de asesoramiento. Por otro lado, como son sentimientos que pueden ser manipulados, se necesita de cierta capacidad para evaluar a las personas. También, en ocasiones, los aconsejados pueden estar tan heridos que se les dificulta mostrarse honestos o compartir lo que sienten. Debemos tener mucho cuidado para ir trabajando con ellos hasta el momento en que derriben sus defensas y abran su corazón, pues esto es esencial para el proceso de evaluación.

Debemos desarrollar la habilidad que nos permita conocer las distintas reacciones que pueden tener las diferentes personas frente a eventos similares. La manera en que cada una expresa sus sentimientos es siempre materia de estudio, porque nunca terminaremos de conocer al ser humano y porque no somos idénticos. Debemos aprender a observar el comportamiento de los aconsejados y cómo expresan sus emociones cuando están en el proceso de consejería, pues esto nos ayudará a entregar pautas apropiadas de acuerdo con lo que evidencia quien busca consejo. Para desarrollar esta habilidad, debemos estudiar su comportamiento, las emociones humanas y las actitudes que ellas eligen para responder en la vida.

> *"Nadie puede dar de lo que no tiene, y nadie puede enseñar con profundidad bíblica si ha sido superficial en el estudio de las Escrituras. Nadie puede enseñar bien lo que ha aprendido mal, y nadie que carezca de la debida preparación puede ayudar a las personas a confrontar sus conflictos emocionales con sabiduría y organización".*

4.3 En las técnicas de motivación y evaluación

Si el aconsejado adquiere un gran conocimiento sobre cómo enfrentar el conflicto en que se encuentra, pero no está capacitado para llevarlo a la práctica, el consejero sólo cumplió la mitad de su tarea. Su labor no es simplemente dictar una cátedra y compartir su conocimiento. Es necesario ayudar para que tomen ese conocimiento como propio y lo apliquen progresivamente en su vida personal. Todos los aconsejados pueden buscar nuevo conocimiento, compartirlo con otros, pero muy pocos pueden motivar a alguien a practicar lo que ha aprendido y realizar evaluaciones periódicas para investigar el avance logrado. Para poder cumplir con esta función, el consejero necesita conocer más técnicas para motivar al aconsejado, especialmente cuando siente que su problema se complica o cuando no ve ni existe una salida rápida y sencilla para conflictos más complicados. Para que el aconsejado avance en el proceso, es esencial que sea motivado a poner en práctica las nuevas opciones que ha descubierto.

El consejero debe desarrollar la habilidad de descubrir el momento en que el aconsejado está preparado para aplicar los conocimientos adquiridos y, a la vez, requiere tener el discernimiento apropiado para motivarlo a la acción en el momento oportuno. Debemos tener siempre presente que cada conflicto es diferente, que cada persona también lo es, y que existe un variado mundo de conflictos.

Para realizar una labor adecuada se necesita aprender cómo lograr que el aconsejado siga desarrollando sus propias habilidades para enfrentar sus conflictos, y que no dependa solamente de las sugerencias del consejero. Las personas se encuentran en conflicto porque no tienen la habilidad o no saben cómo usar sus recursos, tanto internos como externos, para encontrar la necesaria solución. Por ello, el consejero las ayudará a dar pequeños pasos, avanzando hasta adquirir la destreza de manejar sus problemas con sabiduría.

Que la persona no tenga el conocimiento para salir significa, a veces, que ese individuo no tiene la información suficiente acerca de sí mismo, de los otros, o del mundo que lo rodea. Sin embargo, tener todo el conocimiento no garantiza que una persona pueda operar de manera eficiente. Uno puede saber lo que es una lata de conservas, lo que hay dentro de ella, de qué material está fabricada y hasta saber cómo abrirla, pero… si no tiene las herramientas adecuadas para hacerlo no lo va a lograr. Entonces, además de necesitar el conocimiento, también es imprescindible la habilidad, o sea la capacidad de aprender a hacer algo en forma competente y efectiva.

Las habilidades necesarias pueden ser físicas, intelectuales o sociales. El ser humano necesita de todas ellas para poder vivir eficazmente en medio de la comunidad, para participar de manera activa en este mundo, enfrentar diferentes circunstancias y salir con éxito de las situaciones que enfrenta con los diferentes grupos con los cuales se relacionará.

El conocimiento informa a la persona y ensancha sus habilidades, pero éstas lo traducen en una acción efectiva, que al ser llevada a la práctica en forma rutinaria se constituirá en parte habitual de su comportamiento y por lo tanto, en la solución que buscaba.

También es imprescindible que el consejero aprenda a evaluar regularmente el avance del proceso que está realizando. Las evaluaciones ayudan a que los aconsejados se den cuenta de su progreso, o de las áreas donde se encuentran atorados. A que el consejero note qué tiene que corregir, y si el proceso que sigue está logrando las metas que se ha trazado.

> *"Los aconsejados tienden a interrumpir los procesos de asesoramiento una vez se dan cuenta de una mejoría en su relación, y a decepcionarse cuando sienten que no avanzan rápidamente. Los consejeros debemos aprender a motivarlos a terminar el proceso y a saber cómo evaluar con regularidad si el procedimiento está funcionando de manera efectiva".*

4.4 En la práctica habitual de la consejería

El consejero desarrolla una mejor habilidad para actuar con discernimiento y sabiduría cuando:

• Practica regularmente.

• Evalúa su labor en forma constante y descubre un problema que escapa a su conocimiento o capacidad.

- Busca la información o la ayuda de alguien con mayor preparación.

Quien tiene su mente enfocada en el asesoramiento y comprende que su preparación es esencial y regularmente da los pasos para hacerlo, progresará en su habilidad de ayudar. El consejero que se mantiene enfocado cree que su labor es vital, y que de su habilidad para aconsejar depende la sanidad de una relación matrimonial, la restauración de una persona en adulterio, la salida de algún habito de dependencia, el regreso a casa de una joven rebelde, el evitar el asesinato de un niño por medio del aborto.

Hará todo lo posible para leer libros, asistir a conferencias y consultar a otros consejeros sobre lo que no entiende. Quien sigue desarrollando constantemente su habilidad mediante una práctica ordenada y un aprendizaje organizado, está más capacitado para otorgar ayuda. Quien como parte de su rutina de vida se impone como disciplina estar pensando en las formas de ayudar a los demás, y trata de entender a sus aconsejados en sus necesidades, adquiere mayores habilidades. No se desarrolla quien responde de manera natural, casera, empírica o espontánea, sin haber desarrollado su capacidad. El mejor mecánico no es el que sólo estudia mecánica, ni tampoco el que únicamente aprendió de la experiencia y mirando a otros, sino aquel que la estudió, que aprendió de otros mecánicos capacitados y sigue estudiando cada caso, adquiriendo mayores conocimientos y manteniéndose siempre enfocado, y actualizado en su profesión.

"Si el fundamento de su asesoramiento es sólo su experiencia, el conocimiento bíblico que haya adquirido por si mismo y sin realizar estudios formales de asesoramiento familiar, puede tener buena intención, pero no estará preparado para dar una buena orientación.

> *El asesoramiento es una función de alta responsabilidad, que no sólo depende de la guía del Espíritu Santo, y de aconsejar imitando lo que hicieron otros líderes de quienes se aprendió en el pasado, sino que además, es necesario prepararse con profesionalismo y profundamente para poder aconsejar sabia y prácticamente".*

Jorge es un pastor que, después de asistir a mi curso de asesoramiento familiar, decidió buscar ayuda. Al pasar por el curso descubrió que no sólo su propio matrimonio estaba a punto de destruirse, sino que recientemente había aconsejado de manera errónea a una chica de la congregación y la había puesto en peligro.

Esta chica, de nombre Karen, había crecido en un barrio difícil de Texas. Aunque asistía regularmente a la iglesia y participaba de manera activa en la vida congregacional, se enamoró de un muchacho a quien expulsaron de la escuela secundaria. Cuando los padres consultaron con el pastor Jorge sobre si su hija debía o no casarse con este muchacho que la había dejado embarazada, él les aconsejó que la joven de 19 años se casara con el padre de su hijo. Esta decisión estuvo basada en los ejemplos que habían ocurrido en la congregación a la que asistía antes de ser pastor, y en las determinaciones que, respecto a este tema, había tomado su propio pastor (porque Jorge fue uno de los líderes que estaba cerca de él). Jorge no tuvo en cuenta que el muchacho era drogadicto, ni que lo conocían como vendedor de drogas y que, además, era violento y no tenía ningún interés en ser padre y esposo.

El fundamento de su asesoramiento era demasiado limitado y su consejo resultó peligroso.

LECCIÓN: Aconsejar basados en un limitado conocimiento bíblico, guiados sólo por nuestra intuición y preparación personal, nos deja en el rol de máximas autoridades que no necesitan de la ayuda de nadie. Aconsejar sólo por la experiencia o el conocimiento traspasado, nos limita a aplicar apenas lo aprendido en el pasado. El asesoramiento es una técnica que, al igual que un cuchillo, para que sea efectiva siempre debe mantenerse afilada. Debemos aprender de otras personas que amen a Dios, que hayan adquirido mayor conocimiento y experiencia, y que estén más preparadas para este fin.

El hecho de que una muchacha esté embarazada porque ha cometido una serie de errores y un serio pecado, no significa que debe terminar casada. El chico y la chica deben pasar por un proceso de asesoramiento, para determinar si es bíblico, sabio y saludable que inicien una relación conyugal. Si no seguimos una investigación que determine la calidad de personas que ambos son, ni los preparamos para que salgan del ciclo de pecados y errores, los estamos dirigiendo a que se involucren no sólo en relaciones destructivas, peligrosas, sino también en problemas y pecados mayores.

5. Su responsabilidad

El consejero debe ser un gran investigador y usar todas sus habilidades, capacidad, conocimiento y experiencia para descubrir la situación real que experimenta el aconsejado. La verdadera motivación para la investigación no debe ser la curiosidad, sino el sentido de responsabilidad que tenga el consejero al ser consultado para ayudar en decisiones que serán radicales para la vida de un ser humano.

Debemos pensar que el paciente es un diamante que brillará, lucirá y tendrá valor solamente si se encuentra montado en el engarce apropiado. Aunque un diamante tenga valor en sí mismo, si está tirado en la basura, rodeado de cosas inservibles, estará absolutamente desperdiciado porque no está en el lugar correcto que permite su valorización apropiada. La labor y responsabilidad del consejero es poner al aconsejado, con todas sus virtudes, dentro de su contexto adecuado, en el lugar que le sea más productivo y donde se haga evidente el valor que tiene.

5.1 Ayudar al aconsejado para que tenga la percepción adecuada

Los consejeros debemos investigar profundamente para poder buscar alguna explicación del conflicto existente. La percepción que tengamos puede ser muy diferente de la del aconsejado, pues cada persona tiene su propia visión de la realidad. Todos podemos ver el mismo problema, pero cada uno lo hará desde su punto de vista, y muchos de nuestros conflictos se deben a que la percepción es diferente y a que nos empeñamos en convencer a los que nos rodean de que la nuestra es la única apropiada. Un grupo de personas puede ser testigo de un accidente y cada uno verá lo que esté preparado para ver.

Si un mecánico, un médico, un abogado, un ministro, un joven, un rico, un pobre y un niño ven un mismo accidente, cada uno enfocará inmediatamente lo que tenga en su mente. En la del médico pasarán muchas ideas, pero las predominantes serán las relacionadas con su campo. En la del mecánico, el niño, el ministro y el abogado aparecerán ideas relacionadas con su profesión, su edad, su madurez y hasta con las circunstancias que viva cada uno. Si una persona tiene problemas legales, o de salud, o está contenta o deprimida, percibirá la situación de distinta manera. Frente a un conflicto en la relación matrimonial, cada cónyuge tiene su propia optica, y mientras menos empatía tenga con el otro, y más determinado esté a imponer su argumento, más conflictiva será la situación. Si la percepción es equivocada, su conducta será inadecuada. Al cambiar la percepción cambiará la conducta.

"Si la percepción sincera de una persona es equivocada, también lo será su conclusión y su conducta".

Maribel estaba profundamente resentida con su esposo, pues en su opinión él se preocupaba más de su trabajo que de ella. Estaba molesta porque no le dedicaba el tiempo que necesitaba, y porque no les había sido posible salir de vacaciones desde hacía diez meses. Según Maribel, Armando no quería estar con ella y prefería su trabajo. Armando tenía una perspectiva muy distinta. Según él, Maribel era grosera y posesiva y nunca estaba satisfecha. Cada uno tenía una percepción distinta y, en este caso, ambas apreciaciones eran incorrectas.

Después de realizar la investigación y determinar que realmente Armando estaba dedicando mucho tiempo a su trabajo, y que no habían salido de vacaciones como acostumbraban, y por otro lado, que Maribel sí estaba respondiendo con groserías y se sentía sola, también logramos determinar que las razones de cada uno para su comportamiento no eran las que ellos percibían. Ambos habían determinado adquirir un automóvil nuevo hacía exactamente diez meses. Sus obligaciones económicas habían aumentado sustancialmente, y Armando debía trabajar más, razón por la cual pasaba menos tiempo con ella, quien por su frustración respondía en forma inadecuada.

El acuerdo para satisfacer un gusto tuvo como consecuencia serios disgustos y ahora, como consejero, debía ayudarlos a ponerse de acuerdo sobre cómo enfrentar unidos las consecuencias de las decisiones que tomaron juntos. El aferrarse a sus erróneas percepciones los había llevado a conclusiones equivocadas y, en consecuencia, a comportamientos incorrectos y destructivos.

Como consejero en el problema planteado, mi labor se enfocó en comprender profundamente lo que ocurría, el dolor que tenían, en saber por qué cada uno sentía que estaba sufriendo, en entender por qué estaban molestos y en saber qué les disgustaba. Al investigar me di cuenta de que éste había sido un acuerdo y que ambos no habían tenido la capacidad de predecir qué implicaciones tendría la compra que decidieron hacer. Sabían que debían pagar más, hacer ajustes o, como ellos mismos decían, "tendrían que apretarse el cinturón", pero no fueron específicos en lo que eso implicaba. No previeron que, para pagar el carro debían ganar más, y en consecuencia, trabajar más y tener menos tiempo para ellos y menos dinero para sus vacaciones. Mi labor era una de las tareas importantes como consejero: evaluar sabiamente, investigar en profundidad, analizar con todo detalle para poder explicar con claridad las razones de sus conflictos. Como éstas no eran las que ellos aducían y como se generaba un antagonismo, entendieron que habían tomado una decisión producto de un acuerdo no muy bien pensado, y que ahora debía motivarlos a la unidad y no a agredirse mutuamente.

«**Explicar**» es dar a conocer la causa o el motivo de algo. Es llegar a comprender la razón de ese algo. Al tratar de hacer esto, encontramos un serio problema pues no siempre la persona en conflicto tiene la explicación real, a su problema sino lo que cree que es. Es responsabilidad del consejero tratar de entender cuál es la percepción que el aconsejado tiene de la realidad que vive, y ayudarlo a encontrar una forma adecuada de percibir lo que ocurre, motivándolo a actuar de acuerdo con la necesidad existente, de una forma que traiga solución y no destrucción, y que en vez de agrandar los conflictos, permita evitarlos.

Se debe examinar adecuadamente quienes vienen en busca de consejo, y las explicaciones que traen, para entender la forma como perciben su propia realidad. Aunque las parejas en conflicto vienen y presentan su explicación del problema, por lo general son distintas. Cuando un cónyuge expone su punto de vista, lo que realmente espera es que le digamos que es el otro el del problema. Lo que está ocurriendo es que cada uno tiene su propia percepción del asunto en cuestión, por lo cual ambos creen tener la razón. El siguiente paso lógico para los aconsejados es que el consejero decida quién debe cambiar para, lograr que el conflicto desaparezca. El consejero debe determinar si son las acciones de ellos las que deben ser cambiadas o sólo la percepción del problema, y darse cuenta de que ambos tienen razón, aunque la solución que plantean sea totalmente distinta.

Es bueno escuchar la explicación de sus percepciones, pues esto es parte de la etapa de la relación, y porque es necesario que ambos miembros de la pareja comprueben que quien puede ayudarlos está investigando y sigue preocupado por su situación. Es necesario escucharlos, porque de allí obtendremos la orientación necesaria para tener más claridad sobre el conflicto. La responsabilidad del consejero es analizar la narración de los pacientes sobre sus problemas, y comprender que si tuvieran la percepción y los valores adecuados, y además la voluntad y capacidad para enfrentar la circunstancia en que se encuentran, no estarían en conflicto.

5.2 Realizar la exploración

«Explorar» es reconocer o averiguar algo con diligencia. La exploración es también una responsabilidad del consejero, quien deberá usar toda su capacidad para explorar adecuadamente la situación que vive o ha vivido el aconsejado. Cuando el consejero comienza su exploración, también se inicia la etapa de realización que explicaré en capítulos posteriores.

Las explicaciones de los aconsejados generalmente son defensivas. Esta etapa debe estar marcada por las constantes preguntas que tiene que realizar el consejero, para ir explorando en cada una. Los exploradores que llegan a un lugar desconocido saben que necesitan investigar con diligencia. Con mapas del lugar o sin ellos, necesitan explorar y el primer paso a realizar debe ser el relacionarse adecuadamente con la zona. El explorar nos pone en terrenos donde no hemos estado antes, y casi siempre la persona enfrenta un temor natural. Pero no estamos en condiciones de conocer los problemas internos de una persona. Ya es difícil de por sí conocer los propios, cuánto más lo será conocer los ajenos.

En la etapa de relación, el consejero debe buscar y permitir que la gente aprenda a confiar en él. La mejor experiencia y la que más propicia el cambio se da cuando la persona que viene en busca de consejo tiene confianza. Dios hace lo mismo con nosotros: como nos inspira confianza, por eso acudimos a Él. Todo consejero debe esforzarse para que el aconsejado tenga muy claro en su mente que posee la capacidad de aprender a solucionar o a manejar su circunstancia, a pesar de que aún no la haya descubierto.

Durante la exploración comprobaremos que algunos aconsejados pueden mentirnos o mostrarse muy seguros en su

percepción del problema, e incluso que son capaces de comunicarnos de antemano quién es el culpable y qué debe
hacer el uno o el otro para arreglarlos. Esta acción del aconsejado no debe ser amenazante para el consejero, pues la
verdad es que ese es el concepto que ellos tienen de su realidad, así es como ellos ven las cosas debido al color de los
lentes que están usando para mirar el panorama. Para tratar de entender su verdad debemos intentar ver a través de
sus lentes, y luego ponernos los anteojos del sentido común,
de la razón, de los consejos bíblicos, de la verdad divina, de
la comprensión y del amor, para tener la perspectiva correcta.

En Mateo capítulo 28, la declaración de Jesucristo nos da
esperanza. Él dice con seguridad: *«Siempre estoy con vosotros».* El cristiano puede vivir en serios problemas, pero no
está solo porque tiene la compañía de Cristo. Dios está disponible: Su sabiduría, los principios de las Escrituras, Su
amor, Su consuelo y Su poder. Todo está a nuestra disposición. Sólo debemos aprender a utilizar ese magnífico potencial que Él ha puesto en nuestras manos. El consejero también recibirá a algunos cristianos que buscan consejo y que
reconocen que Cristo está en ellos, pero que no lo sienten
como una realidad en su vida. Pablo nos dice que antes de
conocer a Cristo todo esto era un misterio. No sabíamos que
nuestro Señor era la esperanza de gloria. Cuando la persona llega a conocer a Jesucristo comienza entendiendo la
teoría del mensaje divino, pero requiere de tiempo el expe-
rimentarlo en la práctica (Colosenses 1:27).

En este proceso de exploración del problema, y al empezar
a investigar superficialmente las experiencias de nuestros
aconsejados, vamos creciendo en esa relación que necesitamos. Aumenta nuestro conocimiento de la persona, vamos
entendiendo mejor por qué se encuentra en ese conflicto y

el aconsejado va ganando confianza en nuestra sabiduría, comprensión y amor. Se comienza investigando superficialmente y se va avanzando con lentitud, para no provocar resistencia. Para explorar, el consejero tiene como herramienta las preguntas, pero debe conocer que hay otros recursos. Si sólo les hacemos preguntas, los aconsejados pueden pensar que están siendo interrogados. Para contrarrestar esta sensación se tienen a su disposición ciertas declaraciones afirmativas o negativas que provocan otra reacción.

5.3 *Proveer las experiencias adecuadas*

Otra responsabilidad del consejero es guiar y permitir que el aconsejado practique determinadas técnicas. Una «experiencia» es una enseñanza que se adquiere con el uso o con la práctica. En determinados casos el consejero puede permitir al aconsejado que intente decir algo, que pruebe actuar de determinada manera o reaccionar de una forma específica, y luego ayudarlo a examinar lo que ha ocurrido; así irá ganando experiencia. Para ello debe incitarlo a realizar acciones que le permitan descubrir o comprobar cuán capaz es de hacer algo que desconocía. Si un cónyuge tiene por costumbre gritar cada vez que su pareja le grita, porque ese es el sistema erróneo que ambos han elegido para enfrentar los conflictos, el consejero le pedirá que cambie de método: en vez de gritar, contestar con paciencia y seguridad, apoyado en la enseñanza bíblica que nos motiva a evitar responder al mal con el mal. Le enseñará que una respuesta blanda disuelve la ira, y que aunque cambiar su manera de reaccionar es difícil, con paciencia, dedicación, y práctica en cada instancia, irá teniendo nuevas experiencias y adoptando un nuevo estilo de conducta.

El consejero, en su relación interpersonal, también debe proveer a su paciente de determinadas experiencias positivas que no hayan sido vividas por el aconsejado, para que de esta manera tenga una nueva vivencia. Por ejemplo, si el problema de la persona es que en los conflictos tiende a callar y no expresar sus sentimientos, y por ello se resiente, al descubrir que la persona hace eso, el consejero debe animarla a que hable con tranquilidad, que exprese su desacuerdo, que comunique lo que siente. Así le provee de una experiencia distinta a la que ha sido su costumbre. Si el centro del problema es que el hombre no puede tener amigos, el consejero debe proveerle de la oportunidad para que se sienta amigo, y así aprenda que tiene la capacidad de lograr construir amistad sana con otras personas. Con la ayuda y la experiencia del consejero va a aprender a resolver ese problema.

Si el individuo no ha tenido experiencias amorosas, debe ver en nosotros a personas que aman, y en la experiencia con el consejero debe aprender cómo se expresa el amor: diciendo la verdad, confrontando los conflictos con sabiduría, tratando a los demás con respeto, respondiendo con energía cuando sea necesario, y haciendo todo esfuerzo por imitar el amor de Cristo. Jesús demostró su amor a la mujer samaritana, la trató con respeto, le dio la dignidad que ella tenía, le hizo conocer la gravedad de su pecado, le mostró un camino de salida, le dio indicaciones de cómo vivir saludablemente y le brindó esperanza para su futuro. La única limitación que tiene el consejero al enseñar este tipo de experiencias es **nunca** participar en ninguna experiencia que involucre pecado, ni fomentarlas en su aconsejado.

El consejero no debe transgredir el código de ética profesional al proveer experiencias que involucren pecado. Por ejemplo, si una mujer cree que está incapacitada para ser cariñosa, él no debe permitirse ni permitirle muestras de cariño, pues ello podría llevarlos a involucrarse en lo emocional o pecaminoso y provocar un sentido de atracción mutua. Algunos consejeros no cristianos están dispuestos a utilizar técnicas que le ayuden al aconsejado a darse cuenta de su capacidad de accionar con ellas, algo que la persona no logra con su cónyuge, aunque incluya un acercamiento peligroso. Por supuesto, estas técnicas están totalmente reñidas con los principios divinos y ningún consejero cristiano debe adoptarlas.

"La exploración nos permite investigar con diligencia, indagar con perspicacia el estado de la relación y conocer el terreno en que los aconsejados están pisando. Además, nos permite examinar a los involucrados en un conflicto y entender sus emociones, así como conocer las circunstancias en que ocurrió el problema, las acciones y reacciones que tuvieron y los errores que cometieron. El consejero debe realizar una seria investigación, aplicar todo su conocimiento y técnica para conocer la problemática y tener una mejor comprensión para entregar el consejo sabio y la necesaria dirección".

··· CAPÍTULO 3 ···

"No es sabio que un consejero insista en querer ayudar a un aconsejado que no tiene interés en seguir las instrucciones ni en realizar los cambios imprescindibles para alterar su realidad. El peor consejo es aquel que nadie nos pide y no podemos ayudar a quien en la práctica no quiere ser ayudado".

El Aconsejado

1. La responsabilidad del aconsejado

La función de un consejero es amar a las personas brindándoles el conocimiento y las herramientas necesarias para que aprendan a enfrentar la vida con sabiduría. De ninguna manera se debe recriminarles o provocarles más dolor por los conflictos que enfrentan. La empatía debe llevar al consejero a tener misericordia con aquellos que sufren, aunque ellos sean culpables de su propio sufrimiento por las decisiones erróneas que tomaron en el pasado, o por los errores que están cometiendo en el presente. Pero el consejero no debe creer que su función es rehacerle la vida al aconsejado. Su labor es enseñarle, y orientarlo para que pueda aprender a manejar sus problemas y para que tenga la capacidad de reacondicionar su vida de acuerdo con su nuevo sistema de pensamiento y valores. El consejero cristiano debe recordar que su trabajo es muy diferente porque se basa en valores bíblicos y porque su moralidad es distinta. El ideal es llevar a quien no pertenece a la familia de Dios a una experiencia personal con Jesucristo; pero si la persona rechaza esta maravillosa opción de que su vida sea regenerada, a pesar de ello se le debe brindar la ayuda necesaria, aunque existan ciertas limitaciones.

El nuevo conocimiento que el paciente obtiene y la habilidad que adquiere, son herramientas que le permitirán llegar a tener mayor confianza y seguridad en lo que hace. Sin embargo, la responsabilidad primaria del aconsejado es cooperar honestamente con el consejero en el proceso de asesoramiento, y hacerlo de la mejor forma posible. Esta necesidad debe ser comunicada por el consejero a su aconsejado, porque es imposible ayudar a quien no desee ser ayudado. En mi asesoramiento y en la primera sesión, investigo si los aconsejados están realmente dispuestos a recibir y a poner en práctica el nuevo conocimiento y las herramientas que les entregaré. El aconsejado debe decidir si tiene todo el interés de iniciar y terminar un proceso de asesoramiento que confrontará su vida, sus costumbres, sus valores y sus acciones y reacciones frente al problema que está experimentando. Por supuesto el aconsejado debe demostrar este compromiso con palabras y acciones, porque nadie puede ayudar a quien con palabras pide ayuda, y con su comportamiento se niega a recibirla.

> *"No es sabio que un consejero insista en querer ayudar a un aconsejado que no tiene interés en seguir las instrucciones ni en realizar los cambios imprescindibles para alterar su realidad. El peor consejo es el que nadie nos pide, y no podemos ayudar a quien en la práctica no quiere ser ayudado".*

Damián y Eliana estaban experimentando serios conflictos con Germán, su hijo adolescente, quien por el momento estaba bajo la supervisión de un oficial de la policía; si reincidía volvería a ser enviado a la prisión juvenil. Sus padres querían que Germán recibiera asesoramiento. Cuando llegaron a mi oficina, aun antes de que se sentaran, al saludar a Germán noté que ni siquiera eso quería hacer. Primero le hice algunas preguntas: ¿Viniste por tu propia voluntad? ¿Deseas recibir mi asesoramiento? A lo cual respondió con un "No". Entonces le di la mano y me despedí de él. Pedí a sus padres que permanecieran en la oficina y les expliqué que aunque resulta imposible ayudar a alguien que no quiere ser ayudado, en cambio sí podía asesorarlos a ellos para que pudieran lidiar con la actitud de rebeldía de su hijo. No es sabio ni productivo aconsejar a quien no quiere ni siquiera escuchar lo que un consejero o sus padres tienen que decir.

LECCIÓN: "No dé su consejo a nadie que no tenga interés en escucharlo, ni tampoco asesore a quienes admiten que no tienen interés en seguir sus consejos e instrucciones. Usted sólo perderá un tiempo precioso que podrá utilizar para ayudar a otros que realmente deseen y necesiten de su orientación para salir de su difícil situación".

2. La situación del aconsejado

2.1 La pasividad

Es asombroso, pero real, ver que a pesar de lo doloroso de su situación, miles de personas deciden adoptar una nociva pasividad. A veces por ignorancia o en otras ocasiones por la actitud de rendición e impotencia que experimentan, se tornan pasivas en la confrontación de su problema. Esta situación, junto con la impotencia aprendida que analizaré en el siguiente punto, son mencionadas por Gerard Egan en su libro *The Skilled Helper* (*El consejero experimentado*).

Para nadie es desconocido que el hombre usa muy poco del potencial que tiene disponible para enfrentar la vida. En la historia de la psicología moderna, William James aseguró alguna vez que la mayoría de las personas usa solamente el 10% de su potencial en los problemas y los desafíos. Es correcto decir que el potencial no usado podría ser una de las causas que provoca la incapacidad para confrontar conflictos, y se podría considerar también como una de las razones que provocan innumerables desórdenes emocionales.

Hay muchas personas que son víctimas crónicas de su poca capacidad para usar el potencial que tienen . Una de las más importantes limitaciones del individuo es la pasividad. Es decir, la actitud de indolencia que adoptan quienes no asumen sus responsabilidades en una o más áreas de su vida.

Por supuesto que existe una gran cantidad de factores circunstanciales que pueden limitar o impedir que la persona se involucre. También es real que determinadas circunstancias de la vida nos incitan a desarrollar una prolongada paciencia, pero por lo general, y en la mayoría de las situaciones, nuestro deber es tomar acciones decisivas. La *Biblia* no anima a la pasividad, sino más bien manda a los cristianos a dejar de hacer el mal y comenzar a hacer el bien. Cuando la actitud de paciencia que muestra el paciente es casi un estado de pasividad como resultado de no poder decidir si debe o no actuar, entonces no está exhibiendo en realidad esa virtud, sino la debilidad de la pasividad. Si una pareja con serios conflictos cuenta con suficientes elementos de juicio para darse cuenta de que hay cosas que no marchan bien en su relación interpersonal, pero a pesar de ello no hace nada, no son pacientes sino pasivos y desinteresados.

Tal vez esta actitud sea el resultado de sus experiencias anteriores, al tratar de resolver pequeños incidentes que terminaban en conflictos mayores. Quizás por eso ahora prefieren no actuar, y al no hacerlo agravan la situación. Es obvio que no es sabio tratar de arreglar algo que no sabemos cómo arreglar, pero tener una actitud pasiva es más erróneo pues existe la posibilidad de buscar la ayuda necesaria para aprender a enfrentar los conflictos de pareja. Actúan con pasividad quienes, a pesar de la necesidad de arreglar situaciones conflictivas, no hacen nada para buscar esa ayuda que les permita encontrar soluciones.

La mejor forma de descubrir la pasividad es examinar la realidad. En nuestra sociedad existe gran cantidad de matrimonios en conflicto, pero la mayoría toma una actitud absolutamente pasiva y no busca ayuda.

2.2 *La impotencia aprendida*

Al hablar sobre la impotencia aprendida y cómo ésta se relaciona con la depresión que experimentan las personas, Seligman expresa lo siguiente:

«El aconsejado (y de alguna manera todos nosotros) puede desde temprana edad creer que no hay nada que puedan hacer frente a situaciones determinadas de la vida. Obviamente existen grados de impotencia. Algunos buscan consejería porque creen que el obtener ayuda mejorará su efectividad y eficiencia al enfrentar conflictos. Otros se sienten totalmente vencidos por las dificultades, y caen en una profunda depresión.»

Algunas personas han sido excesivamente influenciadas por las situaciones vividas durante el problema, y se ha creado en ellas un sentimiento de impotencia. Muchos de aquellos que no salen de sus conflictos se sienten incapaces de realizar las cosas o de corregir los defectos. Esta incapacidad puede haber sido sembrada en su mente por la constante ridiculización que hicieron sus padres de los errores que cometían cuando niños, o por vivir con padres que nunca acostumbraron a darles palabras de ánimo cuando realizaban cosas positivas. Pero hay muchas otras formas en que una persona puede aprender la impotencia para enfrentar la vida.

"Los consejeros debemos tener mucho cuidado al realizar la investigación para entender el comportamiento erróneo de

> *los aconsejados. Muchos actúan mal en sus relaciones presentes porque fueron mal enseñados en su relación familiares en el pasado. Debemos descubrir las influencias negativas de ese pasado, la influencia que tienen en el presente, y entregarles nuevo conocimiento y herramientas para que cambien su situación futura. Debemos ayudarles a comprender que Dios les dio el potencial de actuar con sabiduría y excelencia y corregir sus áreas de impotencia".*

Enrique no hablaba una palabra cuando su esposa Adriana lo confrontaba. Ella lo describía como una ostra. Enrique decidió que debía cambiar su patrón de conducta e inició el proceso de asesoramiento. En la etapa de relación con Enrique tuve muchas dificultades para que compartiera sus emociones conmigo. Después de algunas sesiones confesó su temor de ser mal interpretado o que al revelar su enojo obtuviera como respuesta algún maltrato o desprecio. Cuando pasamos a la etapa de encontrar la realidad nos dimos cuenta de cuán traumática había sido la relación con sus padres. Cada vez que él trataba de hablar con ellos, lo hacían callar. Enrique notaba que su hermano menor tenía más libertades que él, pero no lograba entender el porqué de tanta diferencia.

Aprendió a callar más de lo necesario, a no expresar sus emociones para no ser maltratado, y por lo tanto, según su propio relato, no tenía amigos pues cada vez que se presentaba alguna dificultad o conflicto menor, prefería separarse y abandonar la relación. Los padres nunca le habían dicho que ellos no podían tener hijos y, en su desesperación, lo habían adoptado. Más tarde siguieron un tratamiento y pudieron tener a su primer hijo, pero le ocultaron la verdad a Enrique y no lo trataban como merecía. Cuando Enrique se casó, abandonó el hogar de sus padres sin saber por qué había sido tratado de esa manera. Después de algunos años de casado, cuando descubrió la verdad, nunca más habló con sus padres y vivió una gran temporada de depresión. Había aprendido a tener temor de acercarse, de mostrar sus emociones, y prefería callar cuando lo confrontaban porque esa fue la forma de protegerse de sus abusivos padres.

LECCIÓN: Para poder ayudar a aquel aconsejado que no puede corregir comportamientos erróneos o pecaminosos del presente, debemos hacer una seria investigación de su pasado y determinar si su actitud de impotencia se debe a lo traumático de alguna experiencia. Si le enseñamos a enfrentar su realidad con una actitud bíblica, y si está dispuesto y comienza a realizar los cambios con consistencia y paciencia, de seguro aprenderá a relacionarse constructivamente y con excelencia.

2.3 Mecanismos de defensa

Existe una serie de mecanismos que el ser humano usa a fin de poder sobrevivir cuando enfrenta situaciones de conflicto. Puedo ilustrar esta experiencia del campo emocional con un ejemplo del campo físico. Las callosidades que se forman en las manos del trabajador de la construcción por manipular materiales duros y ásperos, son un mecanismo de defensa que utiliza el organismo para evitar las heridas. Esa dureza, provocada por el constante roce con materiales más duros que la piel, motiva al organismo a buscar una forma de proveer protección. En forma extraordinaria, el organismo crea una capa de piel que se endurece cada vez más, mientras más permanente sea el contacto.

En los pies de una persona que no usa zapatos crecerá también una callosidad que ayudará a evitar heridas y dolor, pero que a la vez, los hará insensibles a las caricias. Lo mismo ocurre en el campo emocional. Las personas crean mecanismos de defensa para protegerse de los extremos, los abusos, el maltrato, la violencia y de cualquier trato que destruya las relaciones interpersonales saludables. En el caso de los golpes en las emociones que motivan a crear "callosidades emocionales", los mecanismos pueden tomar distintas formas. Al aparecer estos mecanismos de defensa en el aconsejado, éste a veces tenderá a dos actitudes:

Primero, buscará *formas de engañarse a sí mismo.* Segundo, buscará *formas de defenderse a sí mismo* y esa es una de las actitudes más negativas para las relaciones interpersonales, y que demanda gran sabiduría y habilidad por parte del consejero, para poder ayudar de manera efectiva.

> *"Debido a los golpes emocionales recibidos en el pasado, el aconsejado tuvo que crear mecanismos de defensa que en el presente utiliza para engañarse a sí mismo y auto convencerse que actúa correctamente y así no sentirse obligado a corregir su conducta. Debido a que quiere seguir protegiéndose, el utilizará distintas formas para justificar su comportamiento a pesar de que le produzca sufrimiento. Una de las labores más difíciles del consejero es lograr que el aconsejado comprenda que, aunque esos mecanismos en el pasado lo protegieron de otros daños posibles, también en ciertas áreas de su vida, lo han convertido en un ser insensible".*

Cómo intentamos engañarnos a nosotros mismos

A los seres humanos, nos cuesta rechazar la realidad que vivimos, a pesar de que ésta nos produzca serios dolores por los conflictos que estemos experimentando. Para tratar de ignorar la dolorosa realidad, algunas personas crean ciertos mecanismos de defensa y, de manera consciente o inconsciente, tratan de engañarse a sí mismos, para no tener que responsabilizarse de enfrentar su problema. Algunos ejemplos de la forma como intentamos hacerlo, son los siguientes:

Negando la realidad

Esto ocurre muy comúnmente, y se manifiesta en los deses-
perados intentos que hace una persona por protegerse, re-
chazando el percibir o enfrentar cosas desagradables. Quien
no quiere aceptar la situación en que se encuentra, quien ha
decidido negar la realidad que vive, puede tratar de hacerlo
de tres diferentes maneras:

Evitando la realidad

Es la negativa a enfrentar su situación real, aunque sabe que
está en conflicto porque su actuación es errónea. Es el rechazo consciente de manejar o confrontar el problema que
vive el aconsejado. Por decisión propia la persona intenta
evitar tratar el asunto. Por ejemplo, alguien que esté causando dolor a sus seres queridos porque no controla su mal
carácter y constantemente presenta arrebatos de ira. El individuo sabe que está realizando algo inadecuado, que está
causando dolor, pero decide evitar la búsqueda de ayuda.
La justificación que encuentra cuando ocurre un incidente
doloroso, es responder: «No es nada desastroso lo que ocurre, a todos les pasa alguna vez, todos pierden el control
alguna vez", o "yo pierdo el control de esta manera, pero
mi cónyuge lo pierde de otras." Con estas respuestas la persona intenta evitar su realidad y justifica sus acciones inde-
bidas.

Suprimiendo la realidad

Es la negativa a aceptar que vive un conflicto. En estas circunstancias la persona trata de omitir o de pasar por alto el
problema que está viviendo. El tratar de suprimir la realidad es una negativa consciente, mediante la cual hacemos
de la situación algo interno e intentamos vivir como si ésta
no existiera. David, en el Salmo 32, nos muestra cómo quiso

suprimir su problema: sabía que era un hombre adúltero y conscientemente trató de pasarlo por alto, a pesar de que entendía muy bien su realidad y por ello sufrió terribles consecuencias.

> *"Cuando alguien enfrenta conflictos y descubre que una de sus reacciones le permite soportar el dolor que le provoca otra persona, utilizará ese mismo sistema rutinariamente, aunque no sea la forma de confrontar sus conflictos saludablemente".*

Mariana tenía frustrado a su esposo. Henry, ya molesto, decidió buscar asesoramiento. Siempre que él intentaba confrontar los problemas, ella negaba que existiera algún conflicto, a pesar de que no quería hablarle, a que se alejaba y se negaba a tener relaciones sexuales. Es que cuando Mariana se enojaba, intentaba vivir y actuar como si nada ocurriera. Cuando era confrontada por su esposo sus respuestas variaban, diciendo: «No pasa nada, ya te dije que no pasa nada", o "Es mi problema y sólo estoy cansada», o «No te preocupes, todo está bien, tú no eres el problema, el problema es mío». En el proceso de asesoramiento noté que Henry tenía un historial de ignorar a su esposa y también de insultarla y maltratarla. Él admitió que eso era cierto, pero que lo hacía porque Mariana nunca se callaba. Ella me comentó que, cuando en una ocasión decidió callarse y no responder ninguno de los insultos de su esposo, por primera vez Henry dejó de maltratarla. De allí en adelante esa fue su forma de enfrentar todos los conflictos con él.

LECCIÓN: Cuando para confrontar sus problemas un aconsejado utiliza herramientas no sólo inútiles sino destructivas, está convencido de que eso es lo que debe hacer y justifica su comportamiento equivocado. Es seguro que al utilizar un mecanismo de defensa ya se ha acostumbrado a él. El consejero debe identificar cuál es el método de defensa escogido, ayudar al aconsejado a comprender su comportamiento destructivo y enseñarle nuevas técnicas para enfrentar sus problemas reales, pero con herramientas saludables.

Reprimiendo la realidad

La «represión» es un proceso consciente y voluntario por medio del cual una persona renuncia a satisfacer un deseo genuino y legítimo. De no hacerlo, podría vivir una experiencia que, con base en algunos de sus temores, no desea vivir. Mediante la represión la persona intenta prevenir el dolor que podría resultar de la satisfacción de un deseo.

> *"Algunas personas viven frustradas porque se reprimen y no se dan la oportunidad de satisfacer un deseo genuino del presente, por temor a volver a repetir una experiencia dolorosa del pasado".*

Marcela era una señorita que deseaba una de las experiencias más genuinas y legítimas que puede tener una persona: tener un novio. Se sentía sola, deseaba tener una relación de noviazgo saludable, pues al comenzar sus estudios universitarios tuvo que iniciar su vida independiente y lejos del hogar paterno. La determinación de estudiar le dio la excusa perfecta para abandonar el hogar de los padres, en donde existían relaciones familiares muy destructivas. Marcela decidió reprimir su realidad y lo hizo por mucho tiempo. Por años había sido capaz de reprimir su genuina necesidad de afecto y compañía porque no estaba dispuesta a vivir un estilo de vida dependiente de los deseos de otra persona. Ella sufrió durante muchos años por la manipulación de un padre sobreprotector y controlador, y de ninguna manera deseaba volver a sentirse manipulada, sobre todo después de haber logrado, con mucho sacrificio, independizarse de sus padres. Para no volver a vivir esa experiencia dolorosa, prefería reprimir su legítimo deseo de amistad y compañía.

LECCIÓN: Una de las mayores ayudas que un consejero puede dar a un aconsejado que ha determinado evitar satisfacer necesidades genuinas y hermosas para no repetir las experiencias del pasado, que fueron traumáticas y dolorosas, es enseñarle que sin importar lo que ocurrió, puede tener un excelente futuro si no se relaciona ni reacciona movido por las emociones, sino que estructura su vida basado en sabias y bíblicas convicciones.

Buscando fantasías

Esto significa que la persona busca complacer los deseos frustrados imaginándose que logra algo que aún no ha podido conseguir. Así se imagina que consigue ciertos logros. Esta persona sabe que está en conflicto y se siente atrapada, pero en medio de su desesperación se imagina que ya lo posee, y esto parece ayudarle a ahogar momentáneamente su desilusión. En esta situación ella usa aquella facultad que tiene la mente de reproducir las cosas por medio de imágenes. La persona se imagina y trata de convencerse de que está avanzando hacia la solución, cuando en realidad se encuentra en el mismo lugar.

> *"Existen personas que actúan como si ya hubieran alcanzado la solución a un problema cuando recién están dando los primeros pasos en la búsqueda de esa solución. Ellos cometen una seria equivocación pues en su intento de evitar el dolor que por mucho tiempo han experimentado, utilizan la fantasía para sentirse bien imaginándose logros que todavía no han alcanzado".*

Pedro enfrentaba serios problemas porque su esposa se había cansado, pues debido a su inconstancia, no encontraba trabajo. Aunque él lo buscaba, no hacía los esfuerzos necesarios para lograrlo, pues no era constante. Por eso su esposa vivía frustrada. Él repartía unas pocas hojas de vida, luego se quedaba ilusionado con las promesas que le hacían y hasta le comentaba que seguramente obtendría el trabajo. Pero luego se despreocupaba otra vez. Tiempo después nuevamente pedía a amigos y familiares que lo ayudaran a conseguir trabajo, y cuando le prometían su ayuda, una vez más se conformaba e imaginaba que todo volvería a la normalidad. Cuando se sentía tranquilo por el esfuerzo realizado, su mente volvía a fantasear con una respuesta positiva, se acomodaba para esperar el resultado y otra vez entraba en conflicto con su esposa por el acomodo que elegía.

LECCIÓN: El consejero debe ayudar al aconsejado a aceptar su realidad, para que establezca una buena estrategia y realice un esfuerzo consistente y permanente, y a pesar de que no encuentre fácilmente la solución, no caiga constantemente en la desilusión. Con el control del consejero, al adquirir nuevas herramientas, al tener nuevas estrategias y trabajar con su cónyuge en unidad, tiene muchas más posibilidades de enfrentar su problema con mayor responsabilidad.

Los argumentos, las fantasías, los logros imaginarios impiden a la persona vivir basada en la realidad y, por lo tanto, no puede lograr la solución que necesita. Estas fantasías son como calmantes que la aletargan e introducen en una actitud pasiva.

La Palabra hace un llamado a los hijos de Dios para que luchen contra esa tendencia, y nos manda que usemos las armas espirituales para derribar todo argumento, todo pensamiento que nos aleje del deseo de seguir los principios divinos, exhortándonos a actuar con sobriedad, a tener una mente gobernada por un entendimiento verdadero y basado en la guía divina (1ª Pedro 1:13).

La suplantación

Es el intento de impedir que se manifiesten o se hagan evidentes a los demás, defectos o fallas que la persona no quiere mostrar. Así esconde estas evidencias de su personalidad tratando de tomar una actitud totalmente opuesta o exagerada a la que en realidad tiene. En Romanos 2:1 Pablo indica que toda persona que condena a otro por los mismos pecados que ella está cometiendo, es inexcusable ante Dios, quien es un Juez justo. A menudo los pecados que vemos con mayor claridad en otros son, precisamente, los que nosotros tenemos.

> *"Algunos pacientes realizan ataques duros y exagerados a las malas costumbres o pecados de otras personas. En muchos casos esa actitud puede ser la mejor revelación de que la persona puede estar practicando lo que tan vehementemente está condenando".*

Cada vez que alguien tocaba el tema de la pornografía, Pedro presentaba fuertes opiniones en contra de este pecado. En su clase de jóvenes, en varias ocasiones que presentaron el problema y hablaron de cómo solucionarlo, él rechazaba la idea de tratarlo tan abiertamente entre los jóvenes y, además, presentaba su punto de vista con vehemencia. Ni siquiera le gustaba que se hablara del tema. Por esa actitud, los demás creían que era demasiado puritano y que su legalismo motivaba tal oposición. Cuando su madre descubrió en casa películas pornográficas, experimentó una gran decepción y quedó sumamente confundida. Eso la llevó a buscar orientación para dar los pasos necesarios para confrontar a su hijo, quien se negaba a buscar ayuda. Lo que ocurría era que Pedro no quería mostrar su propia debilidad, y trataba de suplantarla con una enérgica oposición, incluso a la mención del tema. Pedro tenía un serio problema con la pornografía.

Marcela siempre hablaba mal del esposo de su amiga. Le criticaba la forma como comía y la manera de vestirse. También le aclaraba a su esposo que no deseaba tener ningún tipo de amistad muy cercana con ese matrimonio. Como su esposo había sido amigo de él desde la escuela secundaria, le era difícil terminar con la amistad y prefería mantenerla a pesar de la oposición de Marcela. Pero un día Eduardo llegó destrozado a mi oficina porque había descubierto que ella lo engañaba con quien él consideraba su mejor amigo. Marcela suplantaba su realidad y escondía su pecado exagerando los defectos de su amante y mostrando, frente a su esposo, una actitud hostil hacia él.

LECCIÓN: Un consejero tiene la responsabilidad de investigar toda actitud que demuestre una exageración, pues el aconsejado puede estar utilizando herramientas inapropiadas para enfrentar lo que tanto le molesta, o bien estar realizando una buena actuación para no enfrentar su situación en la realidad.

El aislamiento emocional

Éste es un retiro planificado de las relaciones saludables presentes, por el trauma que alguna relación produjo en el pasado. La persona decide que no se involucrará con otros debido a su temor y dolor no resueltos, lo que la motivan a aislarse de todo aquel que quiera establecer un vínculo emocional.

"Si debido a una experiencia traumática del pasado, un paciente eligió aislarse emocionalmente, no seguirá nuestros consejos y no responderá a las órdenes que le entreguemos, pues los mecanismos de defensa que ha creado, le impedirán hacer lo que hemos aconsejado. Por ello, en vez de darle órdenes, debemos seguir todo un proceso de orientación para que no huya de las relaciones interpersonales pensando que

> *podría ser maltratado, sino más bien debemos enseñarle a relacionarse con límites saludables que le impidan dañar y ser dañado".*

Sarita me visitó después de cumplir sus 30 años. Estaba pasando por una seria crisis depresiva. Llegar a esa edad y aún no estar casada la tenía profundamente decepcionada. Sus primeras preguntas revelaban su situación: ¿Por qué, si soy tan amistosa, no puedo tener amistades duraderas? ¿Por qué no he podido encontrar un novio que me inspire confianza? ¿Por qué los hombres se alejan de mí? El proceso de asesoramiento nos llevó a su padrastro, quien había abusado de ella desde los 6 hasta los 12 años, cuando su madre se volvió a divorciar.

También me llevó a investigar la relación con Samuel, un joven cinco años mayor que ella. Sarita y Samuel comenzaron sus citas cuando tenían, respectivamente, 16 y 21 años. Samuel la conquistó con todas las técnicas de un romántico vividor. Finalmente, después de un par de meses, ya la había convencido de tener relaciones sexuales. Su relación duró 8 meses, cinco de los cuales fue manipulada, intimidada y exigida a prácticas sexuales traumáticas. Por último Sarita logró terminar esa relación y entró en un serio estado depresivo, que fue la razón para que aceptara la invitación de una amiga y comenzara su vida cristiana con alegría. Se refugió en la fe y escogió amar a Dios y no tener ninguna otra relación. Decidió aislarse y no tener un compañerismo muy cercano con los hombres.

También rechazó a todos aquellos que le ofrecían su amistad, porque recordaba con dolor a quienes la engañaron y jugaron con sus emociones. Esa angustiosa experiencia le produjo un severo dolor, y por ese motivo siguió protegiéndose, pero no de la forma debida. Sarita participaba activamente en su congregación, se relacionaba hasta cierto grado con todos los jóvenes y señoritas, pero no permitía que ningún hombre tuviera una relación muy estrecha. Intentó alguna cercanía con dos jóvenes, uno de ellos líder de la congregación a la que asistía, pero según su propio relato, "Ellos huyeron de mí". En realidad, ninguno había huido, sino que ella se alejó de ambos cuando notó que, como parte de su relación de noviazgo, cada día ellos se estaban acercando más, tanto emocional como físicamente.

LECCIÓN: Ninguna presión o motivación puede hacer cambiar la decisión que ha tomado una persona de alejarse de quienes considera peligrosos. El consejero no debe presionarla para que se relacione, pues no sabe cómo hacerlo y tiene ciertas experiencias grabadas en su mente gracias al inmenso dolor que le provocaron. Por lo tanto, no quiere volver a repetirlo. La persona no está buscando su aislamiento, sino evitando una asociación que podría producirle sufrimiento. El consejero debe entregarle nuevo conocimiento y herramientas para que ella aprenda a decir no a lo malo y sí a lo bueno, y a actuar con sabiduría, honestidad e integridad frente a quienes cometen errores por su naturaleza pecaminosa.

El aislamiento del problema

Mediante este mecanismo la persona reconoce que está sufriendo por el conflicto que enfrenta, pero por temor o incapacidad determina dividir el problema. Ella toma ciertas partes rescatables de la situación que vive y prefiere reconocer y atacar la parte más desagradable, en la creencia de que así encontrará la solución.

> *"Cuando un paciente en búsqueda de la solución de un serio problema, está dando los pasos que cree necesario, pero basado en una información o conocimiento parcial, no descu-*

brirá la solución final. Quienes debido a la instrucción errónea que han recibido, o por sentir temor o por incapacidad, no saben cómo enfrentar los conflictos, sólo tratan los frutos evidentes y no las profundas raíces existentes. Los consejeros debemos dar todos los pasos que sean esenciales para que los pacientes entiendan que deben tratar la raíz y no sólo el fruto de los problemas que enfrentan".

Rebeca llegó desesperada a mi oficina porque desde hacía tiempo había descubierto que su marido tenía otra mujer. Como esta realidad la hizo entrar en una etapa depresiva, solicitó ayuda. No sabía por qué se sentía así y por qué empeoraba en vez de mejorar, si ya habían pasado más de 8 meses desde el momento en que descubrió el pecado. La razón de su depresión era que no estaba tratando el problema de la forma adecuada, pues había buscado soluciones parciales para, según su propio relato, "no ahuyentar a su marido". Rebeca me dijo que "quería que él terminara su pecado, pero no que se sintiera tan presionado como para terminar su relación matrimonial, pues pensaba que deberían salvarla a como diera lugar".

Debido a su forma de pensar, a sus temores e inhabilidad para manejar una situación grave, su problema se iba agravando. Por un tiempo decidió tener relaciones sexuales más frecuentes y cada vez que su marido quería, pues ese fue uno de los errores que él le criticó cuando lo confrontó. Mediante esta técnica de enfocarse en una parte del problema, ella trataba de persuadir a su marido para que abandonara a la otra mujer.

Como Esteban le había dicho que no podía dejarla y que más bien estaba pensando en abandonarla a ella por los problemas que enfrentaban, Rebeca intentó corregir la parte del problema que, en su opinión, debía ser cambiada: sus propios errores, pero sin confrontar el problema en su totalidad ni yendo a las raíces del asunto. Fue sorprendente escuchar que en uno de sus últimos esfuerzos había decidido quedar embarazada, pensando que un nuevo hijo podría llamar la atención de su marido. Con esto quería motivarlo a pensar y preocuparse más de ella, y a desistir de terminar la relación conyugal. Rebeca estaba sectorizando el problema y lidiando con los frutos y las ramas, pero no con la raíz. Ella sólo buscaba mantener al marido, porque temía enfrentar el problema en forma global, por todas las implicaciones que podrían resultar.

La parte más triste de esta historia es que Rebeca era miembro de una congregación en la que recibía instrucción errónea. Su pastor le había aconsejado que confiara en el Señor y que fuera la esposa que Dios demandaba, sólo que esas demandas no eran las de un Dios justo y amoroso que no soporta el pecado, sino las de un pastor sincero, pero totalmente equivocado, quien le había aconsejado que examinara su vida, que escuchara lo que su marido le decía, y que cambiara las áreas en que ella había fallado. Debía conquistarlo para que el marido adúltero se diera cuenta de que la esposa que tenía era mejor que la amante. Después de investigar sobre el consejo recibido, no me sorprendió que la respuesta de Rebeca fuera tan equivocada, aunque lógica para una mujer que ama a Dios y respeta a sus líderes, una mujer que, al seguir el consejo equivocado, había utilizado herramientas equivocadas.

LECCIÓN: El consejero que actúa bíblica y profesionalmente, y que recibe a una persona que es miembro de una congregación, debe investigar si anteriormente ha recibido consejo e instrucción para enfrentar su situación. Además, debe investigar qué pasos ha dado y cuál es la situación del presente para poder hacer un profundo análisis y descubrir la raíz de los problemas que está experimentando, y si los pasos que está dando son sabios o equivocados.

La actitud de regresión

Lo que hace una persona que utiliza este mecanismo de defensa es volver a sus actitudes y formas de satisfacción o confrontación inmaduras, que alguna vez resultaron propias en su etapa de niñez. La persona elige actuar, consciente o inconscientemente, como cuando estaba en sus primeros años, cuando esas actitudes le servían para resolver ciertos problemas, pero que ahora sólo la dejan en ridículo. Con la regresión, la persona reacciona con respuestas inmaduras y basadas en sus emociones, que la inhiben de esforzarse por conseguir una solución madura al problema.

> *"Existen pacientes que viven decepcionados porque no pueden lidiar con un problema que debido a su propia incapacidad, ellos mismos han perpetuado. El problema seguirá causando decepción, porque las respuestas inmaduras a las acciones inmaduras de otros, nunca producen una verdadera solución".*

Yolanda buscó consejería porque se sentía terriblemente decepcionada. "Soy un fracaso como madre. Empecé mal mi maternidad porque fui una niña que tuvo niños y que no sabía cómo criarlos". El proceso de asesoramiento confirmó que Yolanda no sólo fue una niña que tuvo su primer hijo a los 16 años, sino que seguía siendo una niña frustrada criando a tres pequeños. Por supuesto, nunca había recibido instrucción sobre cómo disciplinar a sus hijos. Era profesora de niños en su congregación, pero una mala educadora en su casa. Pero Yolanda no era la única culpable. Su marido era otro niño que atacaba a su esposa por no saber criar a sus hijos, en vez de tomar el liderazgo y ser un padre, y no sólo un progenitor. La primera tarea que recibieron fue leer mis libros *Cómo puedo disciplinar a mis hijos sin abusar de ellos*, y *¿Padre o progenitor?*

Tristemente, ellos no eran los únicos culpables porque en esta cadena de irresponsabilidad se encontraban los líderes de su congregación, quienes en los cinco años de membresía de esta pareja nunca proveyeron de enseñanza bíblica y profesional sobre aspectos prácticos de la vida familiar. Yolanda y Víctor habían solicitado ayuda a su pastor y éste los atendió dos veces en su oficina y les explicó algunos versículos bíblicos que hablan de la disciplina de los hijos, pero nunca les enseñó el procedimiento bíblico de cómo hacerlo en forma práctica. Aún más, la razón por la que buscaron ayuda fue porque fui invitado a otra congregación de la ciudad donde asistían sus padres. Ellos querían que su hija concurriera, pero ella y Víctor lo hicieron sin permiso de su pastor y por ello fueron disciplinados y perdieron el privilegio de ser profesores de niños en su congregación. Ellos no llegaron buscando consejería para poder aprender a disciplinar a sus hijos, sino porque no sabían por qué estaban sufriendo una disciplina que les impedía ayudar a los niños de su clase. Poco a poco me di cuenta de la situación de Yolanda y de cómo Víctor se desesperaba porque su esposa estaba entrando en una seria crisis depresiva, en la que actuaba como niña cuando se trataba de corregir a sus hijos.

Yolanda me contó sobre la apatía de Víctor en la crianza de sus hijos, y él sobre cómo su esposa de 20 años y con tres hijos no era capaz de lidiar con ellos. Ella me compartió su frustración, y en la primera sesión lloró por más de 7 minutos, sin poder consolarla. Llevaba un profundo dolor y actuaba con desesperación. Ella era una jovencita abrumada que no tenía ayuda de un esposo responsable para cumplir adecuadamente con sus obligaciones. Él presentaba muchas actitudes machistas que tristemente, en vez de corregir era motivado a mantenerlas al observar el estilo tiránico de su pastor y de los líderes de una congregación legalista.

En su desesperación, Yolanda vivía gritando a sus hijos y discutía con ellos como si fuera otra niña, y hasta trataba a su esposo como si fuera otro de sus hijos. En realidad, después de escucharlo a él noté que también se comportaba como un niño. La mayor preocupación de Víctor era que en los últimos meses, generalmente y como resultado de su impotencia, Yolanda sólo respondía llorando y gritando. Ella mostraba una típica actitud de regresión maternal, mediante la cual la madre, en vez de actuar en forma madura, regresa a actitudes y acciones infantiles que de ninguna manera le proveen de una solución a su conflicto, y en cambio producen desesperación e impotencia que perpetúan su estado depresivo.

LECCIONES:

Primera: Cuando un consejero descubre que los líderes de una congregación prohiben la libre, respetuosa y ordenada asociación con cristianos de otra denominación, o el participar responsablemente en algún evento de ayuda y orientación, y además sólo disciplinan porque alguien no sigue sus instrucciones tiránicas y amenazan a quienes quieren abandonar su congregación, debemos orientar a los aconsejados y desprogramarlos del lavado de cerebro que hayan recibido para que, con mucha sabiduría, abandonen ese liderazgo que procede tiránicamente en contra de la Biblia.

Segunda: Cuando un adulto haya elegido como mecanismo de defensa una regresión y esté actuando como niño, no debemos corregir las acciones o reacciones infantiles, sino orientarlo para que se desprenda de la inmadurez que lo llevó a utilizar ese mecanismo de defensa como protección, en vez de buscar conocimiento y sabiduría para aprender a enfrentar su situación.

Desplazando los sentimientos

Desplazar significa quitar algo y ponerlo en otro lugar. En el campo emocional es el acto de trasladar sentimientos. Una persona puede trasladar el sentimiento de hostilidad que experimenta, hacia objetos menos peligrosos o personas que considera menos peligrosas porque puede obtener menores consecuencias.

> *"Para evitar peligros o consecuencias mayores, algunas personas son selectivas en la expresión de sus sentimientos de hostilidad y frustración. Por ello, en vez de enfocar su ira en quienes provocan aquellos sentimientos y tratar la situación de manera sabia, prefieren manifestar erróneamente su enojo con los más débiles, a quienes pueden dominar e intimidar, o atacar y destruir objetos que no pueden reaccionar ".*

Tim fue obligado a buscar ayuda. Después de leer el libro Cartas a Mi Amiga Maltratada, su esposa decidió poner los límites adecuados. Continuó haciendo varias advertencias de lo que ocurriría si seguía con su abuso y maltrato, razones por las que Tim fue expulsado de su casa. A él le estaban afectando tremendamente los problemas que tenía en su trabajo. Como era una persona muy meticulosa, exigente, perfeccionista y responsable, hasta los conflictos más comunes, que son parte de todas las relaciones interpersonales, le producían frustraciones y serias complicaciones.

Su forma grosera de responder en casa había provocado esta separación. Obviamente, él no quería perder su trabajo ni tampoco dar una imagen de mediocridad, y por eso evitaba mostrar su frustración en el trabajo. Como en el hogar sus arrebatos de ira nunca habían tenido consecuencias, no tenía temor de perder su familia, como sí lo tenía de perder su trabajo. Cada vez que enfrentaba problemas laborales, aumentaba su frustración, se volvía irritable y se enojaba. Cualquier pequeña situación lo encendía y entonces maltrataba a los familiares que debía respetar. Cada vez que se juntaban un mal día en el trabajo y alguna falla o pequeño conflicto en su relación familiar, comenzaba a gritar, maltratar, romper objetos o intimidar a sus hijos y familia. Tim estaba trasladando sus sentimientos de hostilidad y frustración al territorio que él consideraba más seguro, donde sentía que tenía más control y donde sus actos de intimidación y manipulación eran temidos. Tim nunca quiso asistir a una sesión de asesoramiento, pero su esposa e hijos asistieron con regularidad y lograron aprender a manejar la relación con su padre, distanciado por la separación, manifestando el respeto por él, pero estableciendo límites saludables que les permitieran tener una apropiada relación.

LECCIÓN: Aunque la persona que causa los conflictos por su actitud de hostilidad no quiera ser ayudada ni seguir un procedimiento de asesoramiento, igual tenemos la oportunidad y responsabilidad de enseñar al resto de la familia que desee ser asesorada, para que aprenda a amar sabiamente, manteniendo a quien es un peligro a una distancia prudente. Cuando las personas actúan con un amor que imita la justicia divina, están utilizando la única herramienta que puede impedir el abuso y motivar al cambio. Nadie es motivado a hacerlo por el odio que expresemos, sino por las actitudes de amor que manifestemos.

Cómo intentamos defendernos

Reconocer una falta y arrepentirse, es algo difícil. Si sabemos que estamos equivocados agravamos más un problema; si no aceptamos que hemos cometido una falta, es mucho más fácil presentar una buena estrategia de defensa. Cuando alguien se encuentra en esa situación existen diferentes formas para tratar de defenderse a sí mismo:

Buscando la compensación

Esto es, tratando de equilibrar una acción con la opuesta. En la relación matrimonial esto ocurre cuando un cónyuge trata de equilibrarse cubriendo sus debilidades y enfatizando sus fortalezas. De esta manera evita reconocer sus fallas gratificando sus áreas de fortaleza (Mateo 19: 16-24).

> *"Algunos aconsejados tratan de compensar sus errores enfatizando sus aciertos. Ellos hablan mucho de lo bueno que hacen para evitar ser confrontados por los errores que están cometiendo. Si les permitimos seguir enfocándose en sus fortalezas e ignorando sus debilidades que hayan demostrado, con el propósito de no admitir que tienen una gran necesidad de corregir los errores que estuvieren cometiendo, creerán que así deben seguir viviendo. Si siguen enfocados en sus fortalezas en vez de en sus debilidades, no podrán efectuar cambios radicales, pues aunque les demuestren que están equivocados, seguirán haciendo lo que tanto les agrada".*

Lorenzo intervenía constantemente e interrumpía cuando su esposa relataba el dolor y la angustia que le estaba causando su relación conyugal. Noté que él trataba de compensar sus acciones equivocadas insistiendo en mostrar sus aciertos para contrastar los errores que mencionaba su esposa. En algunas de sus intervenciones, Lorenzo dijo: "Mi esposa menciona mis defectos en el matrimonio pero no es capaz de mencionarle a usted mis virtudes. Ella tiene razón al decir que estoy llegando tarde a casa y por eso tenemos conflictos, pero no menciona que estoy trabajando muchas horas extras y que hago un gran sacrificio por mi familia". Cuando su esposa habló del gasto excesivo que Lorenzo realizaba para comprar lujos para su camioneta, él respondió diciendo lo siguiente: "Me gusta tener mi camioneta lo más lujosamente posible, pero a ella no le falta nada y creo que disfruta de mi habilidad para ganar dinero. Me sacrifico para que mi familia tenga todo lo necesario".

Lorenzo realizaba estos comentarios cada vez que su esposa daba las razones de su frustración. Durante dos sesiones lo dejé interrumpir a Mariela para ver si éste era su patrón de conducta. Después de ser testigo de por lo menos doce intervenciones en las dos sesiones, estaba más que convencido de que Lorenzo buscaba la compensación. Él trataba de buscar equilibrio enfatizando sus fortalezas y cubriendo sus debilidades. Mariela nunca dijo que él no era responsable y reconocía que realizaba un gran sacrificio, pero afirmaba también que se veía obligado a trabajar horas extras por gastar más de lo debido, y como había optado por trabajar de lunes a sábado, el domingo sólo quería descansar. No pasaba tiempo con sus hijos, ni asistía a sus actividades deportivas, ni los ayudaba en sus tareas, y cada día se mostraba más irritable. Lorenzo no enfocaba su responsabilidad en otras áreas y sólo enfatizaba su excelencia en cuanto a la provisión económica.

En la Biblia encontramos un ejemplo de este caso cuando el joven rico exalta su fortaleza, que era su estricto cumplimiento de los mandamientos, pero sin admitir su debilidad, que era el apego a sus posesiones y riquezas.

LECCIÓN: Para poder realizar una buena evaluación, el consejero debe permitir que el aconsejado exprese sus puntos de vista y realice su defensa. Si comienza a aconsejar en cada intervención, el paciente no compartirá la necesaria información. El consejero debe seguir escuchando y permitir que el aconsejado acusado se siga defendiendo, para determinar cuál es la técnica que consciente o inconscientemente está aplicando para evitar admitir sus errores. Si cada vez que se mencionan sus debilidades él reiteradamente exalta sus virtudes, estará intentado enfatizar sus fortalezas para minimizar sus debilidades.

Realizando una proyección

Éste es un mecanismo de defensa que consiste en atribuir inconscientemente nuestros conflictos internos a otras personas, o al mundo exterior. Es desviar, hacia otros o hacia las circunstancias que nos rodean, la censura que deberíamos aceptar. En este caso la persona no acepta que la situación que vive depende de ella misma, ni que el conflicto depende, en gran parte, de la percepción que tiene de su realidad. Quien proyecta la razón de sus dificultades culpando a otros, nunca puede iniciar el camino a la solución pues no podrá admitir su responsabilidad. Esta actitud puede compararse con lo que ocurre en la proyección de una película sobre una pantalla. La fuente de origen de la imagen no es la pantalla, sino la cinta con la película. Es así como algunas personas intentan culpar a otros de sus dificultades.

> *"Los aconsejados tratarán de protegerse realizando una proyección, es decir, atribuyendo la razón de los problemas que ellos mismos originan, a algo externo pues así no se sentirán obligados a cambiar. Ellos están tan convencidos de la culpabilidad de otros que creen que para tener una relación saludable, son los otros los que deben hacer los cambios indispensables."*

Cuando Verónica se fue de la casa, dejó a Aracelli, su madre, en un estado de seria tensión. Al marcharse se había llevado el automóvil que su madre le había comprado, pero que no estaba matriculado a su nombre. Aracelli buscó con desesperación alguna forma de ubicarla: llamó por teléfono a quienes podían saber algo de ella, y al hacerlo tuvo que revelar que había salido sin permiso. Además, consultó con un consejero de mi oficina quien le indicó que si lograba hablar con su hija le dijera que sólo tenía 24 horas para regresar y devolver el automóvil, o ella la denunciaría por haber actuado así sin permiso. Cuando Verónica regresó a casa para hablar con su madre, pudimos efectuar la confrontación. Verónica sólo la culpaba de estarle quitando su libertad, así que por esa razón se vio forzada a tomar esa decisión pues su madre no había respetado su parte del acuerdo anteriormente establecido.

Luego supo que sólo tenía tres alternativas. Primera, vivir como una cristiana respetando las reglas del hogar, que eran justas, amar a su madre y respetar el liderazgo de su congregación. Segunda, que debido a que ya tenía 18 años, legalmente podía abandonar el hogar. Pero si escogía esta opción debía hacerlo con una planificación sabia y sin provocar dolor a su madre por su rebeldía y decisión de abandonar el hogar en forma traumática. Al hacerlo así, estaría sujeta a las consecuencias y su madre, si bien, por gracia, iba a apoyarla de alguna manera para iniciar su independencia, le quitaría muchos privilegios como consecuencia. La tercera forma era irse en ese momento y dejar el automóvil, y entonces su madre no volvería a pagarle la universidad y ella tendría que asumir absolutamente toda su responsabilidad.

Verónica culpó a su madre de empujarla a tomar esa decisión, de crearle una mala reputación dentro de la congregación a la que ambas asistían y de que todos la habían mirado mal a su regreso, pues al averiguar si alguien sabía de ella, su madre reveló que se había marchado de la casa.

Aunque fue Verónica la que se marchó del hogar por rebelarse contra las justas reglas de su madre, y que por desconocer ésta su paradero se había visto obligada a averiguar con otras personas, y a pesar de que fue ella misma la que provocó todo este mundo de angustia, culpaba a su madre de lo que averiguamos después: que su fuga fue para tener un fin de semana de placer sexual debido a la soberbia que experimentaba. Verónica irrespetó a su madre, a la iglesia y su liderazgo, y se rebeló contra los principios bíblicos, pero quería proyectar una película diferente en la que ella no era la culpable, sino la víctima. Con el fin de declararse inocente, Verónica podía culpar a Dios.

Un ejemplo bíblico muestra a Martha, quien asumió una tarea más grande que la capacidad que tenía para cumplirla, y cuando vio lo sobrecargada que estaba no sólo culpó a su hermana María, sino que además tuvo la audacia de culpar al mismo Señor Jesucristo, porque nadie la ayudaba a lograr el objetivo que ella personalmente se había impuesto (Lucas 10:38).

LECCIÓN: Cuando el aconsejado está convencido de que otro es el culpable de los errores que él está cometiendo, y además cree que para comenzar a actuar correctamente debe cambiar todo a su alrededor, pues el conflicto que vive se debe a la conducta errónea de la gente, está realizando una proyección. Esta actitud le impedirá encontrar la solución, pues nadie es culpable de nuestros errores. El consejero debe trabajar con ese aconsejado para que, independientemente de las equivocaciones que cometan quienes se están relacionando con él, en un acto de honestidad y profunda integridad llegue a ser capaz de actuar con responsabilidad personal.

Practicando la racionalización

Mediante la racionalización la persona encuentra, en forma inconsciente, lo que para ella son lógicas razones que justifican sus acciones o reacciones inadecuadas. Lo que está buscando son razones entendibles, pero de ninguna manera justifican lo que hace. Quien así actúa intenta reducir su comportamiento irracional a conceptos racionales y da razones aceptables, aunque no reales, para la conducta demostrada. De esta manera la persona realiza un intento de probar que aunque su comportamiento no fue el adecuado, tuvo motivos racionales, justificables y dignos de la aprobación social. Hay quienes hablan de ser comunistas y socialistas porque desean el bien de los pobres, pero en la realidad lo que los mueve es el resentimiento social y su rechazo a otros sistemas políticos, o el deseo de poder, y lo demuestran haciendo justamente lo que dicen condenar, pues a veces tienen, por ejemplo, una empleada a la que explotan pagándole un mal salario.

Un ejemplo de esta actitud se encuentra en Lucas 18:10-14. A menudo las personas que vivían cerca de Jerusalén iban a orar al templo pues era el centro de adoración. El fariseo no hablaba con sinceridad, pues no reconocía su necesidad de Dios ni de ser perdonado. El sólo tenía el deseo de justificarse. Esta conducta errónea lo llevó a otras actitudes equivocadas, pues además manifestó desprecio hacia el publicano que sinceramente reconocía su falta. No había racionalización en la oración de este pecador, pero sí mucho de orgullo porque no podía aceptar su condición. Lo mismo ocurre en algunos procesos de asesoramiento en que algunos aconsejados, para defenderse a sí mismos, utilizan la racionalización, es decir, tratan de buscar razones justas para sus comportamientos erróneos.

"Algunos aconsejados no pueden iniciar un proceso de cambio pues no han llegado al momento clave de reconocer sus faltas ni de admitir su necesidad. Ellos continúan actuando negativamente, pues no son capaces de ver con claridad sus malas acciones y acostumbran a racionalizar para presentar justificaciones. Ellos acostumbran a buscar razones "justas" para justificar sus comportamientos erróneos, en vez de tener como disciplina admitir sus errores honestamente para comenzar a relacionarse saludablemente".

Reinaldo fue enviado a mi oficina por el juez, quien lo obligó a tomar consejería. Si no lo hacía sería enviado a la cárcel por abuso infantil. Sin ningún deseo de cambio comenzó su tratamiento por obligación y sacó su sistema de defensa desde la primera sesión. Él admitió que había quemado las manos de su hijo, pero lo racionalizaba diciendo: «Le había advertido muchas veces que no se acercara al calentador. Yo sé que fue malo haberlo quemado, pero no fue mucho, sólo lo suficiente como para que aprenda. Mi esposa exagera. No olvide que aprendemos de la experiencia. No le destruí la mano. Es cierto que lloró durante dos horas, pero lo mismo hace por otras cosas. La verdad es que es un consentido y yo tengo otro sistema de enseñanza, no sólo palabras".

LECCIÓN: La racionalización no se combate con debates sobre quién tiene la razón en un problema en particular, pues el aconsejado que utiliza esta herramienta de justificación está convencido de que la tiene. Es necesario ir preparando el terreno para realizar una sabia exhortación, que no consiste en atacar a las personas para convencerlas de su error, sino en utilizar mucha sabiduría para mostrarles un camino mejor. No se trata de que el aconsejado haga lo que nosotros decimos, ni de que sólo siga nuestras instrucciones, sino de pasarlo por un proceso de enseñanza para que aprenda nuevas convicciones y actúe con base en ellas, y no por la presión que nosotros hayamos ejercido. Los cambios que perduran son aquellos que nacen del corazón y no de las órdenes que sólo entregan dirección.

Cambiando el enfoque

Esta herramienta de defensa es utilizada por el aconsejado para desviar la atención del problema real y enfocarla en asuntos secundarios. Por supuesto, el paciente está convencido de que puede ganar en ese terreno, y siempre tratará de llevar la situación a su campo de seguridad, donde tiene más habilidades.

> *"El aconsejado que intenta defenderse, puede tratar constantemente de enfocar su acusación en lo que, de acuerdo con su juicio, es la causa del problema. Aunque la otra parte o el consejero intenten mostrar un área de problema diferente, volverá a su enfoque en forma insistente. Como busca ganar la disputa, siempre tratará de enfocarse en lo que él considera la debilidad del otro, y será movido a dar su juicio basado en las emociones personales, en vez de en las convicciones bíblicas".*

A Pablo no le había agradado la actitud de su nueva esposa, y ella tampoco estaba contenta con la de él. Ambos se mostraban deseosos de continuar su relación matrimonial, pero frustrados por la sensación de inseguridad que experimentaban. Su esposa estaba abrumada debido a que por ser adultos, decidieron entrar rápidamente a una relación conyugal e iniciar una nueva familia con un hijo de ella y cuatro de Pablo. Ella es hispana y él anglosajón, ella no habla inglés ni él español. En esta seria etapa de adaptación tuvieron serios problemas de comunicación y una frustración creciente a medida que iban descubriendo nuevas diferencias.

A Raquel le disgustaba la relación que su esposo tenía con su ex esposa. Dijo claramente, y mencionó ejemplos de la excesiva preocupación de Pablo por su ex, y su esfuerzo para que ella estuviera bien de salud, tuviera empleo y viviera bien. Raquel dijo que ella pensaba que él estaba aún demasiado involucrado emocionalmente con su anterior esposa. Pablo rechazaba esta idea, y con firmeza aclaraba que no tenia ningún interés y que su amor era para Raquel. De esta manera desviaba la atención, se negaba a enfocarse en lo erróneo de su proceder y se centraba en lo que él consideraba otros problemas. Por ejemplo, veía que Raquel estaba respondiendo mal porque estaba muy dominada por sus emociones. Que el verdadero problema era la respuesta emocional de Raquel, quien pasaba por una etapa de gran depresión que la volvía más sensible.

Pablo pensaba que esta presión no le permitía a Raquel tratar a su ex esposa con la altura que debería hacerlo una mujer cristiana. Además, enfatizaba que Raquel no debía sentirse insegura, pues él ya no tenía interés en su ex, ni se involucraría sexualmente con ella, pues amaba a Raquel con todo su corazón. Como antecedente es necesario conocer que Pablo y Raquel están criando a los hijos del matrimonio anterior, pues la madre de ellos no era responsable. Pablo informó que recibía llamadas de su ex quien intentaba seguir criando a sus hijos, y que él sólo le telefoneaba por asuntos relacionados con la crianza de los niños, y preocupado también por el bienestar de ella, que era lo que sus hijos esperaban y demandaban. Pablo también admitía que se sentía presionado cuando su ex lo llamaba y Raquel estaba presente, pero que no era porque se sentía incómodo ni porque estuviera haciendo algo indebido, como lo percibía Raquel, sino porque su ex lo atemorizaba y no quería fallarle a sus hijos.

Pablo siempre destacaba la forma emocional como respondía Raquel, pero era incapaz de ver que él estaba haciendo lo mismo. Tampoco percibía que, aunque la respuesta de Raquel involucraba sus emociones, cuando evaluaba la situación lo hacía basada en convicciones. Raquel, que era miembro de la congregación que pastoreo, había aprendido que la relación que Pablo tenía con su ex, a pesar de ser una respuesta emocional de comprensión y cuidado y carente de la intención de ser infiel sexualmente, sí era un acto inapropiado para un hombre casado. La presión de sus hijos para que Pablo la ayudara y la manipulación en el pasado de su ex, lo tenían dominado y él prefería responder a las presiones emocionales de todos ellos, en vez de responder a las emociones y convicciones de su nueva esposa, que según declaraba, era el amor de su vida.

Pablo puede tener fuertes sentimientos de proteger y cuidar a una ex esposa irresponsable y dependiente, y Raquel tener fuertes emociones de rechazo a la forma como practican esa relación, pero las emociones deben estar basadas en convicciones bíblicas. Bíblicamente es inapropiado que otra mujer ocupe un lugar de importancia y que el esposo se relacione con ella de la forma que Pablo lo hacía. Por eso debe limitar al mínimo su conversación con su ex, pues ella es responsable de lo que hace con los niños cuando los tiene a su lado, y Pablo y Raquel cuando están con ellos. Los horarios deben ser respetados, los ex esposos no deben verse sino para lo esencial, que es la entrega de los niños, y todo otro tipo de involucramiento debe ser realizado con el consentimiento sabio de su esposa actual.

LECCIÓN: El consejero debe investigar con mucho cuidado si los comentarios, ataques, recriminaciones y demandas de los cónyuges están basados en sus propias emociones o en las convicciones que tengan. Si los aconsejados tienen una batalla emocional, el consejero debe llevarlos a discutir sus convicciones. No debe permitirles que exijan un comportamiento distinto de su cónyuge por lo que sienten, sino determinar si esa es la convicción en la que quieren basar su relación conyugal. Cuando ellos determinan que esas son sus convicciones, el consejero debe analizar si éstas sólo están basadas en su escaso conocimiento bíblico y en las experiencias que hayan vivido, o si están fundamentadas en la interpretación correcta de las Sagradas Escrituras. La labor del consejero es ayudarlos a establecer relaciones basadas en los principios bíblicos y prácticos, y no en las emociones y deseos personales.

··· CAPÍTULO 4 ···

*"Con nuestras palabras, actitudes
y comportamientos debemos
demostrar a nuestros aconsejados
que ellos son importantes y
que al atenderlos, hemos tomado
la decisión de investigar con
sabiduría su situación, que en
las sesiones de asesoramiento
tendrán toda nuestra atención y
que nos importa darles la orientación
adecuada paraque encuentren
la solución necesaria".*

Primera Etapa del Proceso de Asesoramiento: Establecer la Relación

1. Definición

La relación es el proceso por medio del cual se trata de establecer una conexión entre el consejero y las personas que consultan, a las que hemos llamamos «aconsejados» o "pacientes". Esta etapa del proceso de asesoramiento cumple una función muy importante y clave para el desarrollo del mismo. Es el tiempo necesario, que debe ser buscado y bien planificado por el consejero, para establecer la confianza, esencial para ser escuchado y para que se desarrolle una relación lo más natural posible, y una apertura que permita tratar la situación conflictiva en que se encuentran las personas.

Cuando hablamos de una persona en conflicto describimos a alguien que, por razones desconocidas, está actuando inadecuadamente. A veces, por no tener la capacidad de confrontar con éxito las situaciones que enfrenta, y en otras ocasiones porque ha determinado rebelarse contra los principios, alguna autoridad o un sistema. La mejor forma de describir a estas personas es imaginarse a alguien que, al ser atacado por un virus, no contaba con las defensas necesarias para evitar las consecuencias del ataque. Quienes enfrentan problemas que no quieren o no pueden resolver, se encuentran en una situación similar. En esta etapa del asesoramiento trataremos de descubrir cuál es el virus que está afectando y creando conflictos a la persona que llamamos «aconsejado».

El aconsejado también puede estar siendo afectado por las actuaciones equivocadas de otros que también están dominados por su naturaleza pecaminosa, y ese dolor que le causan, unido a sus propios errores, le produce conflictos que no puede superar.

Si otras personas con quienes se haya relacionado el aconsejado en diferentes etapas de su vida actuaron incorrectamente con él, también tendrá problemas que no será capaz de enfrentar.

De acuerdo con las Escrituras, los sufrimientos, las enfermedades, los conflictos, todos los problemas que enfrentamos son el resultado de varias causas:

El pecado de Adán

(Romanos 5:12-21; 8:20-23). Este trajo la corrupción y la maldad a toda la humanidad. Nos infectó con el virus del pecado, que se traspasó a todos los humanos. El pecado de nuestros primeros padres es el causante inicial de todas las enfermedades y sufrimientos. Todos nacemos como parte de la familia física de Adán, y por ello estamos condenados a una muerte segura. Heredamos su culpa, su naturaleza pecaminosa y el castigo divino. Debido al pecado de Adán nuestro cuerpo va en constante decadencia, y nos espera la muerte.

Los pecados de los padres

(Éxodo 20:5; 34:7; Números 14:18; Deuteronomio 5:9; 28:32; Jeremías 31:9; Ezequiel 18:2). Otra razón de nuestros conflictos y sufrimientos es el pecado de nuestros padres. Ellos, por su naturaleza pecaminosa, se equivocan y cometen errores. Por el orgullo del corazón, los padres nos rebelamos y pecamos, pese a la advertencia divina. El pecado puede traer a todo individuo duras consecuencias físicas, emocionales y de seguro, consecuencias espirituales. Las consecuencias que producen los pecados de nuestros padres, no sólo afectan su propia vida, sino también a quienes los rodean: hijos, esposas. Los padres que no tratan duramente con su área de debilidad que los lleva al pecado, y no luchan por eliminar esa conducta, están actuando equivocadamente y proveyendo la forma más propicia para que esa maldad sea imitada por los hijos.

Jorge lloraba amargamente en mi oficina pues había perdido a su esposa e hijos. Después de años de maltrato, finalmente su esposa, luego de pasar por más de seis meses de asesoramiento, decidió poner una orden de restricción y mantenerlo a distancia. Cuando recién llegó a mi consultorio, Eugenia ni se imaginaba que algún día estaría sola y tratando de sostener a su familia. Pero al fin y después de ayudarla para que saliera de su estado de dependencia, bajo mi consejo y protección solicitó la orden de restricción. Seguimos gran parte del proceso, que explico en mi libro: Cartas a Mi Amiga Maltratada. Después de 2 meses de separación, Eugenia todavía tenía algo de temor por la reacción violenta de su marido, pero mostraba signos muy claros de paz y tranquilidad. Por más de 12 años no había trabajado fuera de su hogar. Debido a la decisión de su marido de no apoyarla económicamente, tuvo que buscar trabajo y convertirse en la única proveedora de su familia. Eugenia nunca se había encontrado tan ocupada y feliz.

El otro lado de la moneda era la realidad de Jorge. Durante las tres primeras sesiones sólo lloraba por la pérdida de su hogar. Se lamentaba de no haber cambiado y ahora estaba dispuesto a dar la mayor cantidad de sueldo para ayudar a su esposa e hijos, y así poder volver a su casa. Pero... sólo intentaba comprar su regreso. La historia de Jorge era triste. Su padre era tanto o más abusivo que él. Recordaba con dolor algunas tristes escenas en las que él se había interpuesto entre su padre y su madre con la intención de evitar que ella fuera golpeada.

En varias ocasiones recibió golpes por defender a su madre, y el momento más difícil fue a los 17 años, cuando decidió protegerla y pelearse con su padre. Esa fue su última pelea pues al final, aunque estaba herido por los golpes recibidos, decidió abandonar su hogar para no volver nunca más. Jorge se había prometido que nunca haría eso con sus hijos, pero su mente había sido educada en la violencia y nunca aprendió a manejar su ira. Después de 10 meses de tratamiento, él se ganó el derecho de volver al hogar. Apoyó económicamente a su esposa e hijos por más de 5 meses, por más de 6 estuvo conquistando a Eugenia y asistió fielmente a una congregación por cerca de 8 meses. Había logrado darse cuenta de que su comportamiento no sólo era destructivo, sino además pecaminoso. Jorge logró identificar con claridad los pecados de su padre y los propios, trabajó con dedicación para abandonarlos, y finalmente lo logró.

Los propios pecados

(Deuteronomio 28:15-68; Jeremías 31:30; Ezequiel 18:4). Nuestra propia maldad trae terribles consecuencias. Dios perdona nuestros pecados cuando los confesamos y nos arrepentimos, pero esto no significa que siempre elimine las consecuencias.

No debemos caer en la exageración de los judíos, de atribuir a cada tristeza o angustia en particular un pecado específico. Los «amigos» de Job juzgaban su aflicción con razones particulares equivocadas (Job 4:7; 8:20; 11:6; 22:5-10). Esta idea persistía aún en los días de Jesús (Lucas 13:2-5). El mismo Maestro rechazó esta idea, según lo notamos en Juan 5:14. Jesús no dijo que el hombre estaba paralizado porque 38 años atrás había cometido un pecado. Tampoco que si él continuaba pecando aumentaría su parálisis, o tendría una enfermedad peor. En mi concepto, Jesús enseña que este hombre permanecía en un estado de separación, no estaba reconciliado con Dios. Jesús le advirtió que no siguiera en esa condición, porque si lo hacía le esperaba algo peor que la discapacidad física de la cual había sido sanado.

Entender la realidad del pecado es básico para que el consejero cristiano pueda hacer un buen análisis de la situación del aconsejado. Irse a los extremos es siempre erróneo. Pensar que no existe pecado en la raíz de los conflictos, y determinar que cada problema en particular es producto de un pecado específico, son extremos no saludables.

Si tenemos una imagen equivocada del origen de los conflictos, también equivocaremos nuestra estrategia para relacionarnos con el aconsejado. Debemos acercarnos al paciente con los mismos ojos de amor y misericordia con que Jesucristo se acerca a nosotros, y sin un dedo acusador para la persona en conflicto, sino atacando el problema que la está destruyendo.

Es necesario construir una relación con el aconsejado, y esto no es algo sorpresivo o automático; requiere de tiempo, esfuerzo y disposición de seguir todos los pasos necesarios, y de sabiduría para ganarnos paulatinamente su confianza. Toda acción que realizamos, toda experiencia que vivimos está compuesta por cuatro ingredientes: el pensamiento, el comportamiento, el sentimiento y los valores. Cuando una persona viene en busca de consejería, por lo general tiene en mente dos componentes, pues éstos han sido reconocidos con mayor facilidad. Por ejemplo, algunos aconsejados contarán cuáles fueron sus pensamientos y el comportamiento que tuvieron en determinado conflicto. Al descubrir su vida frente al consejero, al relatar sus experiencias, les es más fácil decir lo que pensaron y lo que hicieron. Los otros dos componentes, es decir, los sentimientos y los valores, casi siempre se ignoran.

Si el consejero sólo analiza los pensamientos y el comportamiento en forma independiente de los sentimientos y valores que fueron, precisamente, los que motivaron primero al pensamiento y luego a la acción o acciones, tendrá una imagen distorsionada del conflicto. La labor del consejero es unir los sentimientos, el comportamiento, los valores y los pensamientos, y mostrárselos al aconsejado. Debe hacerlo como si éste se encontrara frente a un espejo que no distorsiona la imagen, sino que la muestra completa, tal y como es.

> *"Toda acción que realizamos, toda experiencia que vivimos está compuesta por cuatro ingredientes: el pensamiento, el comportamiento, los sentimientos y los valores. Cuando una persona viene en busca de asesoramiento, por lo general tiene en mente lo que pensó y lo que hizo, pero rara vez puede dar a conocer sus pensamientos y los valores en que fundamentó su decisión. El consejero nunca debe evaluar basándose sólo en los pensamientos y acciones que describen los aconsejados, pues por no tener todos los detalles, su consejo puede ser equivocado"*

Ximena me relató que ni bien vio llegar a su esposo, pensó que debía sacarlo de la casa. Lo insultó apenas entró y luego se fue corriendo a su cuarto y metió casi toda la ropa de él en las maletas. Entre insultos y gritos le indicó que deseaba que se marchara inmediatamente. Eso fue todo lo que ella pudo explicar.

Toda la descripción de los hechos que realizó Ximena era un constante relato de sus pensamientos y acciones, sin incluir, en ningún momento, los sentimientos y los valores que la motivaron a tal acción. Como toda pareja recién casada tenían diferentes valores. Ella había sido criada en un hogar extremadamente estricto, casi sin libertades y como una niña sobreprotegida. Era muy desconfiada y quería imponer en su hogar sus propios valores y el estilo de vida aprendido en el hogar paterno.

En cambio, su esposo había quedado huérfano a los 18 años y desde entonces vivió de manera independiente. Estudiaba y trabajaba duro para poder sobrevivir. El trabajo era su pasión y cuando lo hacía perdía la noción del tiempo, por lo que llegaba constantemente tarde a casa.

Me di cuenta de que Ximena había actuado en forma agresiva porque estaba convencida de que era engañada. Incluso un día buscó la forma de llegar a la oficina y entonces comprobó que su esposo no estaba allí. Cuando Enrique llegó a casa, ella de inmediato le preguntó de dónde venía. Su respuesta fue tajante y dijo con seguridad: «Estaba en una reunión con el jefe». Ximena ni siquiera lo dejó terminar, pues pensó que la estaba engañando y por ello determinó sacarlo de la casa. Él ni siquiera alcanzó a decirle que la reunión con el jefe había sido en la oficina de un cliente. La suspicacia, la desconfianza, el haber sido criada de una forma muy estricta con un padre que no admitía explicaciones, y su tendencia a la sobreprotección eran motivaciones suficientes para la acción inadecuada de Ximena.

Mi trabajo como consejero era descubrir los pensamientos y los valores que la motivaron, con el fin de aclarar si su determinación había sido correcta o incorrecta, pues ella había descrito con lujo de detalles los pensamientos y las acciones que tomó, pero nunca cómo se sentía y en qué principios se basó para decidir expulsarlo de la casa.

LECCIÓN: Si respondemos simplemente a lo que el aconsejado nos dice, actuamos como un eco o un loro. Si respondemos al relato incompleto y a pesar de que el aconsejado está incapacitado para analizar integralmente la situación, nuestro consejo será inadecuado. Si aconsejamos sólo al escuchar los pensamientos y acciones de los aconsejados, nuestros consejos serán equivocados. Nuestra labor es mostrar todo el panorama y ayudarlos para que ambos digan lo que pensaron en el momento en que ocurrió el conflicto, lo que hicieron como resultado de lo que pensaron, lo que sintieron por el conflicto que experimentaron y sobre qué principios y valores basaron sus decisiones. Cuando logramos que los aconsejados comprendan que son sabios quienes actúan por convicciones y no por emociones, y comienzan a vivir con ese nuevo sistema, no solamente aprenderán a manejar los conflictos del presente, sino también los del futuro.

2. Pasos en la etapa de establecimiento de la relación

Por lo menos existen tres pasos que deben ser tomados en cuenta en la etapa de relación, pues servirán de ayuda no solamente para que el aconsejado se sienta importante, comprendido y bien atendido, sino para que el propio consejero tenga claridad en sus pensamientos y juicios. Estos pasos son muy importantes para construir una buena relación.

Primero: El aconsejado debe saber que tiene nuestra atención

Debemos demostrarle que su situación nos importa y que merece nuestra atención. No hay forma de que él lo sepa, a menos que el consejero se lo haga saber. Si el consejero lo comunica integralmente, es decir, con palabras, actitudes y comportamiento, sabrá que le está poniendo la atención que él necesita.

Segundo: El aconsejado debe saber que lo estamos escuchando

El escuchar efectivamente nos pone en la mejor posición de establecer una buena relación.

Tercero: El aconsejado debe notar que sentimos y comprendemos sus emociones

Es necesario mostrar que nos identificamos plenamente con el dolor, la preocupación, la angustia, la molestia, la decepción o cualquier otra emoción que presente el aconsejado.

> *"Con nuestras palabras, actitudes y comportamiento debemos demostrar a nuestros aconsejados que ellos son importantes y que al atenderlos hemos tomado la decisión de investigar con sabiduría su situación, que en nuestras citas les pondremos verdadera atención y que nos importa orientarlos para que encuentren una adecuada solución".*

Cuando escribí este libro tenía 37 años, aunque lo estoy publicando a los 55. He sido consejero por muchos años y me considero una persona madura. Hace algunos días tuve una reunión con un alto ejecutivo de una empresa con la que estábamos tratando de lograr una alianza estratégica con el propósito de mejorar el servicio de mi corporación.

Aunque la reunión era importante, y estaba hablando con una persona respetable, aunque sabía que ambos teníamos interés de unir nuestros esfuerzos y recursos, y pese a que no estaba desesperado por lograr mi propósito, los momentos más frustrantes de nuestra reunión fueron aquellos en los que este ejecutivo intentaba ordenar algunos papeles mientras yo hablaba. Él buscaba hacerlo con mucho cuidado, tratando de disimular lo más que podía e intentando no perder el contacto visual, pero su enfoque durante segundos en los papeles y en cómo ordenarlos mejor, me hacía pensar en pedirle que, por favor, pusiera atención a nuestra conversación y dejara en paz sus papeles, pues su mensaje me decía que mi conversación no era lo suficientemente importante como para lograr su atención.

LECCIÓN: El ocuparnos de pequeños detalles que no tienen nada que ver con el aconsejado y el proceso de asesoramiento que practicamos, comunica a nuestro paciente que no estamos interesados en su situación. Nunca haga algo que demuestre que no le interesa el aconsejado o su situación, y siempre, con su mirada, gestos, acciones y actitud, demuestre que ese momento que están compartiendo tiene toda su atención.

Observe, en primer lugar, cómo el consejero puede comunicar integralmente al aconsejado que su conflicto le importa y que tiene su atención.

2.1 Poner atención al aconsejado

Muchas veces, y por distintas razones, nuestra atención está dividida. Esto siempre causará una interrupción en la concentración de quien nos está hablando. Como es perjudicial, debemos aprender ciertos pasos que nos ayudarán a comunicarle al paciente, sin palabras, que tiene nuestra atención:

Ubicarse frente al aconsejado

Debemos adoptar una postura que le permita comprobar que estamos atentos e involucrados con la problemática que presenta. El pasearse o dar la espalda, el sentarse de lado, el escribir algo que no sean las notas que se toman en el proceso, no sólo le producirá intranquilidad sino que le estará comunicando algo que no es verdad, es decir, que su problema no es tan importante como para ponerle toda nuestra atención.

> *"Si el consejero aceptó el compromiso de aconsejar a una persona, debe determinar que ella tendrá su atención no dividida. Si no lo hace, le será difícil lograr la apertura necesaria, y la confianza requeridas".*

Pamela buscó asesoramiento después de haber logrado, en una de mis conferencias hablar conmigo por tres minutos y exponerme algo de su situación. Lo que más le llamó la atención fue que en medio de tanto público yo la hubiera escuchado mirándola a los ojos y repreguntándole en ese pequeño espacio de tiempo. En la primera cita me comentó que había buscado asesoramiento con su pastor, pero que como en la primera sesión él había atendido nueve llamadas telefónicas, en la segunda tres, y en cuatro ocasiones había recordado compromisos llamando por el intercomunicador a su secretaria, ella pensó que no tenía interés en su situación. Esto lo comprobó porque en dos ocasiones, después de las interrupciones, el pastor le pidió que repitiera lo que ella estaba diciendo.

LECCIÓN: Siéntese, mire, actúe, escuche y conteste con mucho cuidado y demostrando que está verdaderamente interesado en el aconsejado y sus conflictos. Evite miradas, actitudes o acciones que demuestren que otras cosas o situaciones lo tienen más preocupado.

Adoptar una posición de apertura

Los brazos cruzados, junto con las piernas igualmente cruzadas, y el sentarse inclinado hacia atrás, obviamente indican despreocupación. Las manos sosteniendo su cabeza, el estar reclinado hacia atrás en su sillón pueden comunicar cansancio y falta de atención. El estar perdido en sus pensamientos y dando muestras de adormecimiento, indica aburrimiento, cansancio, poco interés o poca disposición a involucrarse con el aconsejado. Puede que su intención no sea mostrar esto, pero es lo que le comunica a la persona. Recuerde que en esta etapa de relación lo más importante es establecer el más alto grado de confianza mediante todas las técnicas. A veces, el inclinarse levemente hacia delante, pero sin perder la naturalidad, es un signo que indica apertura y disposición.

Mantener un buen contacto visual

El lugar o la persona hacia donde usted dirija su mirada es una efectiva muestra del interés o desinterés que tiene. Si le está hablando a alguien y mira hacia otro lado, o si fija su mirada en un objeto, puede comunicar temor, inseguridad o que está pensando en otras cosas. Por lo general, cuando vemos a una persona con esa actitud decimos «que anda en las nubes», y eso es, precisamente, lo que el aconsejado pensará. Usted no comunicará una idea errónea si, con naturalidad, mira de vez en cuando a otro lugar; pero si lo hace con demasiada frecuencia puede estar manifestando una cierta clase de indisposición a involucrarse con el aconsejado.

Mantenerse relajado

No se mueva nerviosamente, ni juegue con sus manos, con un lápiz o con cualquier objeto. Sin importar cuán crítico sea el comentario o impactante el relato, mantenga la serenidad. Sin importar cuán terrible sea la confesión, no muestre sorpresa.

Éstas son algunas sugerencias que realizo a quienes están interesados en llevar a cabo un asesoramiento profesional, pues son acciones y actitudes claves para el proceso de relación. Pero lo más importante es decirle que la mera aplicación mecánica de estas reglas no basta. Es el estar consciente, el tener en mente que su cuerpo y acciones, palabras y actitudes siempre están comunicando mensajes a los aconsejados. Ya sea que usted lo quiera o no, que se dé cuenta o no lo haga, que le guste o disguste, usted comunica. Por lo tanto, debemos estar siempre conscientes de lo que nuestro cuerpo está comunicando, porque sí lo hace.

Sea sabio y reciba los mensajes no verbales de su propio cuerpo, pues eso nos ayuda a tener una mayor percepción del conflicto. Puede usar su cuerpo como un termómetro. Por ejemplo, si usted siente que está muy tenso mientras el aconsejado habla, debe preguntarse por qué le pasa eso; si lo ha tensionado escuchar un triste relato, ¿cómo habrá sido la experiencia de la esposa que está escuchando la misma comunicación? Si se nota ansioso mientras el hombre relata su dolor al descubrir el adulterio de su esposa, debe notar que hasta su mismo cuerpo le está indicando cuán dura fue la experiencia del aconsejado. Si se enoja mientras la mujer relata que fue maltratada, debe entender cuán dura debe ser la experiencia constante de esa mujer. Esas emociones deben llevar al consejero a sentir empatía con el dolor que experimenta su paciente, pero debe responder con profesionalismo y nunca dar una respuesta inapropiada, a pesar del dolor que sienta por la experiencia que se le ha compartido.

2.2 *Escuchar al aconsejado*

Escuchar es prestar atención a todo caunto están tratando de comunicarnos. Es poner la máxima concentración para poder comprender toda la situación. Escuchar es verdaderamente un arte. Debemos hacerlo en forma activa y adecuada, porque es imprescindible en esta etapa que tiene por meta el relacionarnos sabiamente con el aconsejado. Cuando el consejero escucha bien, no sólo le da confianza a su paciente, sino que además se prepara a sí mismo para los pasos que sea necesario dar durante el proceso, y al aconsejado para que entienda bien cómo alcanzar las metas adecuadas en esta ayuda. Una buena atención le permite al consejero no sólo escuchar lo que el aconsejado está comunicando con sus palabras, sino poder comprobar si está expresando lo mismo con su lenguaje no verbal. Esto provee a ambos la información necesaria y los elementos de juicio indispensables para clarificar un problema.

También es necesario que el consejero examine el tono de la voz del aconsejado. Si es muy bajo o muy fuerte, si se nota enojado, con ira, cansado, etc. Las palabras que usa también deben ser materia de análisis. Debe examinar si están en equilibrio con sus gestos y el tono de su voz. Recuerde que los movimientos de las manos, los pies, los ojos, también comunican. Como hay muchas cosas que el aconsejado no puede decir abiertamente, utilizará formas para evitar las palabras que no quiere que su cónyuge o el consejero escuchen en el momento del asesoramiento, pero la comunicación del lenguaje corporal no siempre puede evitarse porque es automático y generalmente inconsciente. Las palabras del aconsejado pueden indicarnos que está tranquilo, pero sus reacciones pueden mostrar lo contrario.

Debo decirle que la necesidad de relación nunca termina durante todo el proceso de asesoramiento. Las cosas que el aconsejado no comunica con palabras, pero evidencia en sus actitudes o comportamiento, deben ser anotadas para poder recordarlas cuando hagamos un análisis integral de la situación.

Por ejemplo, alguien que viene a contar un problema y necesita orientación para saber cómo resolver conflictos en sus relaciones familiares, y habla mucho de sus hijos, pero no de su esposa o de su padre o su madre, etc., está mostrando cierta preferencia o inclinación y se necesita descubrir por qué evita mencionar a los demás.

A veces el aconsejado quiere evadir un tema, y cuando el consejero comienza a hablar de eso, cambia la conversación. Allí el consejero puede insistir, con lo cual podrá notar qué grado de rechazo tiene hacia un determinado tema, o descubrir si está tratando de evitar a una persona. La meta es confirmar si le molesta hablar de otros, y por qué.

Para escuchar total e integralmente es necesario que el consejero ponga atención a dos importantes aspectos: *En primer lugar*, observar e interpretar el lenguaje no verbal del aconsejado: su postura, su expresión facial, su movimiento, el tono de la voz, etc. *En segundo lugar*, escuchar e interpretar los mensajes verbales que está entregando. Es decir, poner atención a su relato de los acontecimientos.

Analicemos algunas formas de descubrir el mensaje verbal y no verbal del aconsejado:

La observación del lenguaje no verbal

Para poder escuchar el lenguaje no verbal debemos desarrollar nuestra capacidad de observación. Las expresiones de la cara y el cuerpo comunican mucho, y el mensaje puede ser captado por un buen observador. La experiencia nos muestra que aun quienes permanecen en silencio pueden entregar una serie de mensajes. El comportamiento no verbal es la comunicación humana que trasciende la comunicación hablada o escrita.

Los consejeros debemos comprender los mensajes que nuestro propio cuerpo nos da, pero a la vez lo debemos manejar adecuadamente para que comuniquen el mensaje apropiado al aconsejado. También debemos estar pendientes de qué reacciones tiene él. Podemos observar si evita mirarnos, pues esa acción transmite un mensaje, cómo entra, cómo camina, cómo se siente, qué hace cuando repreguntamos y con cuánta facilidad comunica sus problemas, sobre todo en la primera entrevista.

Una buena observación del lenguaje no verbal nos ayudará a evaluar mejor la situación. Al observar cómo se viste podemos entender algunos aspectos de su personalidad, así como cuánto se preocupa por su cuidado personal, pues la forma en que lo haga nos hablará de su formalidad o informalidad; también los colores y la calidad de su ropa pueden comunicar un mensaje escondido. Si el marido y la esposa se visten con la misma calidad o hay grandes diferencias entre ellos, habrá mensajes que nos están entregando. Si uno de ellos habla mucho y el otro se calla, también nos dirá algo.

Cada vez que voy al consultorio de un médico, en la sala de espera, en medio del silencio de los pacientes, me doy cuenta de que existe una serie de mensajes. Se puede notar dolor, ansiedad, preocupación, molestia, etc. Hace unos meses atrás visité Chile, mi país, y al viajar en el metro de la ciudad de Santiago pude ver la gran cantidad de mensajes no verbales que pueden captarse al observar los pasajeros. La gran mayoría viaja en silencio, y el lenguaje no verbal denota apuro, cansancio, ansiedad, preocupación, alegría, tristeza, etc.

Para comprender los mensajes no verbales debemos poner la mayor atención en el aconsejado, aun mientras estemos hablando. En ciertos momentos del proceso debemos hablar lo menos posible. En algunas sesiones es necesario orientar más a los aconsejados y establecer ciertos principios, pero casi siempre debemos controlar la cantidad de tiempo que hablamos, para no dar la impresión de que no lo estamos escuchando. Recuerde que nuestra labor es mostrarles buenas opciones para enfrentar sus problemas, pero ellos no serán efectivos si hacen sólo lo que nosotros le decimos sin apropiarse de los valores que les enseñamos. Como regla general, y dependiendo de la etapa del proceso en que nos encontremos, algo provechoso es hablar menos del 25% y escuchar el 75% del tiempo en determinadas sesiones. Por supuesto, existen excepciones.

En mi primera sesión tomo el tiempo necesario para establecer las condiciones para iniciar mi proceso de asesoramiento. Les explico bien a mis pacientes qué requiero de ellos, qué expectativas deben tener; que están obligados a seguir mis instrucciones y cuál es el fundamento de mi asesoramiento. Tomo el tiempo que sea necesario para que esto quede bien comprendido, evitando así que ellos generen expectativas innecesarias y permitiéndoles entender cómo será el proceso y cuáles son mis requisitos para aconsejar, así como el compromiso que ellos están adquiriendo.

"Los que aconsejamos debemos escuchar con atención y dar el tiempo necesario para que el aconsejado comunique sus situaciones, pero evitando que caigan en largas peroratas o en muchas repeticiones. Debemos escuchar sólo lo necesario y hablar lo imprescindible, para que el aconsejado aprenda a ser concreto y a comunicar lo indispensable.

Recuerde que nuestra labor no es lograr que ellos hagan solamente lo que nosotros decimos, sino mostrarles una buena opción para que tomen la decisión de enfrentar su problema en la forma debida y basados en los principios aprendidos. Los aconsejados no serán efectivos al enfrentar los problemas futuros si sólo hacen lo que decimos, sin apropiarse de los valores que les enseñamos"

El lenguaje no verbal podría ser descrito de las siguientes formas:

La descripción del lenguaje no verbal

La expresión facial, los movimientos del cuerpo, la calidad de la voz pueden comunicar muchos mensajes. En ciertas sesiones de asesoramiento, los mensajes no verbales me han provisto mayor información que la comunicación verbal, sobre todo cuando existen heridas y mucha tensión entre los aconsejados. El impacto de la expresión facial, según los estudios, es más grande que el del tono de la voz o la expresión por medio de palabras. Si la expresión facial es inconsistente con las palabras, lo que dice la cara puede ser más genuino e importante que lo que el aconsejado comunica con sus palabras.

Hay diversas formas de expresión no verbal que debemos observar:

La expresión corporal

El consejero debe examinar la expresión corporal del aconsejado; ésta se verifica en su postura y movimientos. Observe qué postura mantiene: si está bien sentado o prefiere sentarse más lejos de su cónyuge, si tiene una posición de respeto o muestra desgano, si le está poniendo atención al familiar o lo ignora. También debemos observar los movimientos: si está quieto e indiferente o se mueve mucho y cambia de posición en la silla, si mueve la cabeza negando lo que comunica el otro familiar.

Las posiciones que utilizó Pilar en la primera sesión de asesoramiento fueron claves para determinar hacia dónde debía dirigir mis esfuerzos. Se sentó lo más lejos que pudo de su esposo Santiago, y los únicos movimientos que realizó fueron para mostrar su incomodidad con la larga perorata de él. Noté que no estaba escuchando una palabra de lo que decía, que no pensaba decir nada y que no soportaba a su marido. Durante esa sesión lo único que hice fue escuchar al esposo, repreguntar y hacer todo lo posible para que sacara lo que llevaba adentro. Mientras tanto, tomé nota de las repetidas reacciones de desaprobación de Pilar. Cerré la sesión, les pedí que no hablaran entre ellos del tema y les comuniqué que la siguiente sesión sería solamente con Pilar. Se fueron sorprendidos, pero en la siguiente cita pregunté a Pilar sobre cada asunto que anoté como causa de su disgusto.

Ella no podía comprender cómo yo sabía cuáles eran las cosas que más la molestaban y las que ella creía que eran ridículas cuando su marido las mencionó. La razón de mi conocimiento era sencilla: una buena observación de las posturas que adoptó y de los movimientos que hizo. Pilar me preguntó sobre cómo podía yo saber, sin que ella hablara, tantas cosas del estado de su relación, así como del rechazo que ella tenía. Me dijo: "Sabía que notaría mi rechazo porque por eso me comporté así, pero no pensé que sería tan puntual en las cosas que me molestaban".

La expresión facial

Cuando examinamos la expresión facial podemos descubrir muy buenos mensajes. Están en las sonrisas, en el levantamiento de cejas, en la torcedura de labios y en cualquier otro movimiento facial. Debemos observar los gestos: si el aconsejado aprueba algo con una sonrisa o si con ella intenta ridiculizar lo que dice la otra persona. Podemos notar su desagrado cuando frunce el ceño, la sorpresa que descubre su manera de mover los ojos o qué quiere revelar cuando se ríe nerviosamente.

La expresión de la voz

Examine el comportamiento que está relacionado con la voz, como el tono en lo que está informando, el nivel en que habla, la intensidad de sus expresiones, las inflexiones de la voz, los espacios que deja entre las palabras que dice, el énfasis que hace, las pausas o el silencio que guarda.

Por ejemplo: si le tiembla la voz, si habla a gritos o en forma casi imperceptible, si se queda callado durante mucho rato y si piensa mucho lo que va a decir o lo dice sin tacto.

Las reacciones físicas

Las respuestas físicas que se pueden observar son: una respiración rápida o lenta, dilataciones de la pupila, el ruborizarse, el ponerse pálido, etc. En algunos casos en que un cónyuge ha estado ocultando un estilo de vida pecaminoso, la expresión física ha sido clave para determinar algo que persiste en negar.

Alberto me pidió que lo ayudara a enfrentar el conflicto en su relación matrimonial. No sabía cómo confrontar a su esposa, pues tenía determinadas pruebas que demostraban que estaba involucrada, por lo menos emocionalmente, con un compañero de trabajo. Debido a que el historial de Claudia me prevenía de que casi nunca admitía una falta y en muy pocas ocasiones de sus 16 años de casados había pedido perdón, sabía que era necesario ir preparando el terreno. Le pedí a Alberto que comenzara explicando la preocupación que tenía, pero sin revelar nada de lo que había descubierto. Esa sería mi labor después de establecer una relación con ella y de conocer un poco más de su personalidad. Durante la intervención de Alberto, Claudia permaneció impávida y las únicas expresiones que mostró fueron de sorpresa o desagrado. Cuando pedí que respondiera, noté que su tendencia era ignorar lo que su esposo decía y que establecía sus criterios de acuerdo con el terreno que más conocía y dominaba. Su conclusión: su esposo era un hombre inseguro y celoso y ella una mujer extrovertida a quien no le interesaba la opinión de la gente respecto de su vida.

El día de la sesión de confrontación, después de establecer una relación con ella, traté de que se sintiera comprendida y escuchada, para poder ir presentándole las pruebas una por una, y observando cada detalle. En sus reacciones a las primeras pruebas, que consistían en el hecho de haber comenzado a arreglarse de diferente manera a lo acostumbrado, me trató de llevar a su terreno diciendo que a las mujeres les encanta cambiar de estilo y que eso era lo que había hecho. Luego le pedí que se mantuviera en silencio y respondiera sólo cuando yo la autorizara. Entonces le comencé a revelar otras pruebas, lentamente y mirando sus ojos, su garganta, sus manos, su cara, etc. Comenzó a frotar sus manos varias veces, y se notaba que le sudaban. Tragaba duro repetidamente y cuando saqué la carta que le había escrito su compañero, se puso pálida y muy nerviosa.

Después de haberme insistido en que quería hablar y explicar durante mi presentación, ahora permanecía en un profundo silencio. Claudia no podía negar la realidad y admitió que estaba emocionalmente involucrada. En una conversación privada me dijo algo muy revelador: "Estoy acostumbrada a manipular a mi esposo pues es muy inseguro, y cuando usted me mantuvo callada sabía que podía convencerlo de alguna manera sobre que esa carta no estaba dirigida a mí, pues no llevaba mi nombre, pero el silencio obligado me hizo sentir como una bomba de tiempo pues sabía que mi actitud lo iba revelando y que me era imposible evitar sentirme inquieta y nerviosa. Creo que hablando me hubiera relajado, pero usted no me lo permitió.

Todas las expresiones de los aconsejados son muy importantes, especialmente cuando están confrontando un problema y hay discusiones y puntos de vista muy diferentes, porque a través de ellas podemos notar si el relato es confirmado o negado con sus distintas expresiones corporales. Un hombre grande, fuerte y de mal genio, que niega maltratar a su esposa y dice que es sólo exageración de ella, y que está casado con una mujer pequeña que evita hablar pues cada vez que lo hace él reacciona malhumorado, aun frente al consejero, puede ser un indicador que confirma lo que el individuo niega con sus palabras.

Si una persona se ruboriza cuando habla de algún tema, puede que esté bajo cierta clase de temores. No olvide que el comportamiento no verbal es más espontáneo que el verbal. Las palabras pueden ser seleccionadas, emitidas, omitidas, manipuladas; pero un comportamiento no verbal es algo que casi siempre es más difícil de controlar, porque fluye en forma espontánea.

La expresión por la apariencia

La apariencia general expresa cosas que no se pueden negar. Los mensajes que entrega son claros y evidentes. Si la persona está mal o bien vestida, mal o bien combinada, peinada o despeinada, sucia o limpia, etc., todo expresa un mensaje que los consejeros debemos observar, pues en algunos casos son clave para confirmar o negar una conducta, o para convencer a una persona del error que está cometiendo.

Cuando llegaron a mi oficina, Sebastián y Loreta parecían el dueño de una empresa y su empleada doméstica. Él, bien

146

vestido como ejecutivo, y ella, luciendo como una cama deshecha. Ya llevaban un mes separados. Las discusiones habían escalado a un nivel tan destructivo que Sebastián prefirió salir de la casa y buscar ayuda. Él era representante de una empresa de mercadeo, y su esposa ama de casa y madre de 4 hijos. Sebastián admitía que en los últimos diez meses debió trabajar muchas horas y casi no tuvo tiempo para pasar con sus hijos y esposa. Había hablado con ella y buscado formas de suavizar el efecto de su excesivo involucramiento. Pero como acordaron comprar una casa y el primer año no sólo debía pagar la mensualidad sino también abonar algo para cubrir el préstamo que le habían hecho los padres para la cuota inicial, le era necesario trabajar más.

Por ello, y sabiendo que ya faltaban sólo dos meses para pagar toda la deuda con el padre y poder volver a un horario más prudente, desde hacía más de 4 meses Sebastián le venía proponiendo a su esposa que manejaran mejor la situación, pero Loreta no le dio importancia. La última propuesta de Sebastián había sido la siguiente: él llegaría a tiempo dos noches para pasarlas con los niños, debía quedarse en la oficina hasta más tarde una noche, y la siguiente tenía una reunión con su equipo; además, los viernes debía reunirse con clientes en algún restaurante, pero ella lo acompañaría. La única condición era que se arreglara decentemente.

Loreta asistió sola a la primera sesión y su mayor reclamo consistia en que su marido no pasaba tiempo con los niños, que quería imponer sus ideas y que nunca la llevaba a ninguna reunión de la empresa en que trabajaba. Loreta no sólo lucía mal, por lo que a Sebastián le avergonzaba llevarla a sus comidas empresariales, sino que además, no le interesaba cambiar. Pese a que se encontraban en esa situación por su acuerdo de comprar la casa y que su esposo le había planteado buenas propuestas, ella no aceptaba lo que él le sugería porque como estaba molesta, irritada y agotada por las duras demandas de la crianza de sus hijos, se había acomodado a un sistema que no requería de mayor proyección, ignorando su propio existir, aun físicamente, y dedicándose sólo a criar a sus hijos. El más serio problema que enfrentaba era que creía que todos los demás debían cambiar, menos ella.

Análisis del mensaje no verbal

El lenguaje no verbal puede ayudarnos en nuestra labor de asesoramiento, siempre y cuando sepamos interpretarlo con sabiduría. Es indudable que los mensajes existen, pero un consejero sin habilidad ni preparación no será capaz de utilizar esta herramienta clave para una buena interpretación de la problemática. Sobre todo cuando tiene pacientes que, aunque saben que necesitan ayuda y de alguna forma desean obtenerla y la buscan, no siempre están preparados para abrir su corazón y entregar información veraz ni comunicar los sentimientos que experimentaron, con lo cual el consejero tendría un buen fundamento para realizar una evaluación correcta y, por ende, una buena recomendación.

"Debido a que los seres humanos podemos demostrar algo que no sentimos, pues tenemos la capacidad de fingir las emociones, si el consejero no observa en forma apropiada puede llegar a conclusiones equivocadas. El aconsejado puede comunicar algo muy diferente de lo que realmente piensa y siente. Por ello, antes de llegar a alguna conclusión o de realizar sugerencias, el consejero debe examinar muy cuidadosamente si el lenguaje no verbal corresponde a las palabras que esta expresándole el paciente".

Observe lo que puede ocurrir con el lenguaje no verbal:

Confirmar o repetir

La comunicación no verbal puede confirmar o repetir lo que está expresando verbalmente el aconsejado. Ese lenguaje enfatiza o fortalece las declaraciones de los aconsejados. Por ejemplo, si un esposo escuchó que su pareja le pidió disculpas y le promete que va a cambiar, y ante eso le contesta que está contento y muy animado por ello, y sus ojos son vivaces (expresión facial) y al contarlo se inclina hacia adelante o se mueve con naturalidad (expresión corporal) y lo dice de una forma animada (calidad de la voz), entonces está confirmando sus palabras.

Negar o confundir

El lenguaje no verbal puede negar o provocar una confusión a quienes observan, pues no se relaciona con lo que el aconsejado está diciendo. Si usamos el mismo ejemplo anterior y la esposa le está pidiendo perdón a su cónyuge y éste no manifiesta alegría y su cara está más bien seria (expresión facial) y mientras contesta ni siquiera gira su cuerpo o su cabeza para dirigirse a ella (expresión corporal), aunque diga que acepta las disculpas, y lo hace con una voz desganada (calidad de la voz), es obvio que su lenguaje no verbal no encaja con lo que expresa verbalmente y, por tanto, su respuesta podrá ser de compromiso, pero no genuina.

Si como consejero usted cree que es el momento apropiado para motivar a su aconsejado a dar algún paso, y él da su aprobación para lo que usted sugirió, pero hace movimientos o muecas con su cara o boca que evidencian rechazo (expresión facial); si habla con voz dubitativa y en su expresión no se nota mayor convicción (calidad de la voz) y presenta cambios en su respiración (respuesta fisiológica), aunque esté diciendo que le parece bien lo que dijo, su mensaje no verbal puede estar indicando inconformidad.

Controlar o regular

Las expresiones no verbales a menudo se usan en la conversación para regular o controlar lo que está sucediendo. Si al aconsejar a una familia uno de los miembros mira constantemente al familiar que está hablando, y en sus acciones muestra incomodidad, o trata de interrumpirlo sin decir una palabra, le está indicando que él quiere controlar o regular lo que el otro está diciendo. Si un familiar muestra desagrado porque uno de los hijos está contando verdades y se mueve nerviosamente, si sus miradas traspasan al hijo y mueve la cabeza como diciendo "para que estás hablando", es obvio que quiere enviarle el mensaje de que no siga haciendo lo que a él no le gusta, o por lo menos presionarlo para que limite esas revelaciones.

Lo más importante con respecto a los mensajes no verbales es que realmente, aprendemos a interpretarlos mejor mientras estamos conscientes de que existen. Esta práctica se puede desarrollar poniendo una profunda atención al comportamiento de los aconsejados.

> *"Mientras más comprendamos que los mensajes no verbales son importantes, mientras más creamos que revelan cosas necesarias para arribar a una buena conclusión, más le daremos importancia a una buena observación. Los consejeros debemos observar con mucha atención si uno de los aconsejados está utilizando un lenguaje no verbal, para controlar disimuladamente, las declaraciones o el comportamiento de otro paciente".*

El escuchar e interpretar los mensajes verbales

Es clave que el consejero entienda lo que el aconsejado expresa en su lenguaje no verbal, pero también lo es, poner la atención adecuada al mensaje verbal, aunque debido a su madurez el consejero comprenda que el paciente está equivocado. Cuando él habla, trata de comunicar algo y usa toda su pericia para describir lo que desea y de la forma que cree que servirá mejor a su propósito. La meta del aconsejado es convencer a la otra persona y al consejero de lo que está pensando, tanto si sabe, o no, que su punto de vista está equivocado. Sus palabras revelan mucho de lo que piensa, de lo que quiere y de las expectativas que se ha planteado. También su dubitación o vehemencia pueden indicar que intenta convencernos de lo que cree que esperamos oír, pero no necesariamente comunica lo que siente. Debemos poner mucha atención a las palabras y tratar de entender lo que nos quieren comunicar, independientemente de si lo que se comunica es correcto o incorrecto.

> *"El consejero debe poner mucha atención al contenido, la forma, las palabras y el estilo que el aconsejado está utilizando, pues mientras habla existen varios mensajes que el aconsejado está comunicando. Debemos recordar que toda persona, aunque esté actuando equivocadamente, utilizará su mejor habilidad con el propósito de comunicar lo que piensa que es su verdad. Existen pacientes que hablan en forma tan convincente que aun pueden convencer a los que intentan aconsejarle, si es que estos no tienen una buena comprensión del problema, si no realizan una buena investigación, o no tienen la capacidad profesional para entregar la debida orientación."*

La comunicación verbal

En la conversación que un aconsejado mantiene con su consejero estará describiendo tres áreas que se han manifestado en la circunstancia que nos relata. Nos hablará con claridad de «el suceso». Describirá con avidez y seguridad su comportamiento, por lo menos de acuerdo con su punto de vista, y tendrá un poco más de dificultad en hablar de sus sentimientos y valores. Es labor del consejero ayudar a descubrirlo más profundamente.

El suceso

Es el relato de lo que aconteció. Si una paciente le comunica que su esposo le pegó, está hablando de una experiencia. Está relatando el hecho en sí. La mayoría de los aconsejados hablará con mayor facilidad acerca de lo que les sucedió. Por ejemplo, una persona nos puede decir: "Me duele mucho la cabeza y el estómago cuando tengo conflictos en mi trabajo."

Algunos relatan lo que otros hicieron o dejaron de hacer, especialmente cuando ese suceso los ha afectado. Por ejemplo, alguien puede decir: «Compartimos el cuarto con mi amiga, pero ella no ayuda en nada» o, "Él siempre me está ridiculizando en público."

El aconsejado a menudo se ve a sí mismo, correcta o erróneamente, como una víctima de algo que está fuera de su control. Cuando habla de esas fuerzas externas que provocan algún tipo de reacción en él, estará hablando de las *experiencias externas*.

Por ejemplo: «Él me trata como basura», hablando de lo que hace su marido, o «Mi hijo me ignora». Así describe quién es la persona o la fuerza externa que le crea problemas. Otros aconsejados describen fuerzas interiores que influencian su vida, las cuales llamaremos *experiencias internas*.

Por ejemplo: «Siento que esta angustia me está destruyendo lentamente y no puedo concentrarme en mi trabajo», o «La ira me está consumiendo y terminaré abandonándolo», o «No puedo dejar de pensar en que tengo 35 años y no he podido casarme, me siento confundida», o «Siento deseos de llorar y huir pues esta depresión me está destruyendo." Una de las razones por las cuales algunos de los aconsejados necesitan ayuda es porque realmente se ven a sí mismos como víctimas, y a veces están siendo manejados por las circunstancias en vez de estar ellos controlándolas. Otras veces las personas tienen mayor control del que se imaginan, pues están manejando las circunstancias como quieren y para su provecho. Existen también personas que son manejadas por las emociones, es decir, las emociones manejan su razón.

El comportamiento

Es la descripción de lo que alguien hizo o dejó de hacer. Si un aconsejado relata que le gusta mirar películas pornográficas, está hablando de su problema y lo describe contando su comportamiento. Algunos hablan libremente acerca de sus experiencias; pero están menos dispuestos cuando se trata del comportamiento que tuvieron en esa circunstancia, es decir, les cuesta hablar de lo que hacen o no hacen, y prefieren hablar de lo que han experimentado. La razón de esto es simple: generalmente no se sienten responsables o culpables por la experiencia vivida o por lo que haya sucedido, pero sí encuentran un cierto nivel de responsabilidad o tienen temor a ser reprochados si describen su comportamiento.

"Hay aconsejados que prefieren describir con mucha pasión sus sentimientos, pues buscan empatía y comprensión, pero prefieren no hablar de su comportamiento. Su temor es que al hablar de su conducta sean confrontados por los errores cometidos y tengan que asumir su responsabilidad para realizar los cambios exigidos".

Durante varias sesiones Damaris se dedicó solamente a describir sus sentimientos. Mientras investigaba por qué ella y su esposo tenían tantos conflictos en su relación matrimonial, fue revelando poco a poco lo que ocurría. Decía que se sentía muy triste porque Pablo la ignoraba. En otra ocasión expresaba que le preocupaba que él no quisiera hablar ni discutir nada de su difícil situación, porque aunque sabía que era grave, evitaba enfrentar el problema. Con la ayuda de Pablo pude descubrir qué hacía con lo que sentía, y tuvo que explicar su erróneo comportamiento. Luego ella comenzó a decir que cuando Pablo la ignoraba, ella no le gritaba ni lo maltrataba, sino que se iba a su cuarto a llorar y planear cómo vengarse. Damaris no describía su comportamiento porque esto implicaba responsabilidad, motivo de una confrontación. En cambio, prefería mostrar sus sentimientos para provocar compasión.

LECCIÓN: Un consejero nunca debe aconsejar en la etapa de relación, y mucho menos si el paciente recién está describiendo sus sentimientos. Basar el consejo en una información limitada y dar así por concluida la etapa de evaluación, impedirá llegar a buenas conclusiones y por lo tanto, dar instrucciones erróneas.

Debemos recordar que la admisión sincera es clave para iniciar el cambio. Cuando llega el momento en que alguien admite: "Siento que voy a ser rechazada y me da temor, y por ello no he buscado trabajo", al describir su comportamiento está relatando su problema. Así el consejero estará en condiciones de darle algunas sugerencias para salir de su conflicto.

Lidia preguntaba qué hacer con sus hijos. Ellos no estaban cumpliendo bien en su escuela. Decía: "Me siento confundida y me angustia la situación, quiero saber qué reglas debo tomar para que mis hijos tengan un mejor rendimiento." Después de varias sesiones llegamos a la conclusión que su declaración inicial era muy interesada e incompleta. A esas alturas del proceso, la declaración bien pudo haber sido: "He estado pasando una temporada de depresión pues seis meses atrás me separé de mi esposo. Debido a mi estado depresivo, mis hijos han llorado mucho y por el estrés del trabajo y de la caótica situación en nuestro matrimonio, yo ando tensionada, no he ayudado a mis hijos en sus deberes de la escuela, grito mucho y los castigo cuando no corresponde.» Generalmente Lidia prefiere el camino más fácil, es decir, admitir que está deprimida, pero evitando hablar de su comportamiento inadecuado.

El comportamiento también puede ser visible o no visible, es decir, abierto o encubierto. El comportamiento abierto o visible puede ser atestiguado por otra persona. Por ejemplo: «Cuando ella me ignora, yo la insulto», o «Cuando mi esposa no me responde sexualmente por los conflictos que tenemos, me emborracho porque ella odia que lo haga».

El comportamiento encubierto o no visible se refiere a aquello que ocurre en el interior de una persona, es decir, que no puede ser visto directamente por otros. Por ejemplo: "Cuando empecé a imaginarme que ella me engañaba, me sentí decepcionado y enojado. No decía nada, pero me consumía la ira y en lo único que pensaba era en vengarme." El comportamiento encubierto o no visible incluye sueños, fantasías, pensamientos, actitudes, imaginación, memoria, decisiones, planes. Por ejemplo: «He soñado con una relación de respeto: me imagino que tengo una esposa cariñosa y por ello tengo la intención de terminar mi relación».

Los sentimientos

Son las emociones que aparecen en una persona al estar en contacto con una experiencia o comportamiento.

Lo que el aconsejado siente que debe o no debe hacer

Si el aconsejado le dice que siente ira cada vez que él y su esposa entran en una discusión acerca de cómo disciplinar a sus hijos, está hablando de las emociones que están asociadas con esta problemática. Estos sentimientos que acompañan esas situaciones son los que le producen una emoción negativa o positiva frente a esa experiencia. Los sentimientos son las emociones que motivan al aconsejado a algún comportamiento.

Por ejemplo: «Terminé este trabajo que había dejado de lado hace tiempo, me siento feliz y motivado para continuar con el siguiente proyecto»; o «Desde que decidimos separarnos siento que la vida se terminó para mí: me encuentro en un estado depresivo y hasta quiero abandonar mi trabajo».

Los seres humanos tenemos una extraordinaria habilidad para mostrar algo que no sentimos o no mostrar lo que sentimos. Por ello, también las emociones pueden ser abiertas o encubiertas. Las emociones son abiertas cuando el aconsejado las experimenta y expresa.

Por ejemplo: «Debido a que es mujer, no he querido responder a su violencia con violencia, pero me he sentido impotente y muy molesto. Le advertí que la próxima vez que lo haga la denunciaré a la policía, pues no me interesa seguir evitando que sea arrestada».

Los sentimientos son encubiertos cuando el aconsejado los experimenta, pero no permite que sean expresados. Por ejemplo: "Me siento usada, como si fuera un objeto, y ni siquiera puedo concentrarme en la relación sexual cuando él no se toma el tiempo para prepararme o cuando quiere tener relaciones después de una discusión. Me muero de ira, pero sólo finjo satisfacción y nunca le he dicho nada".

Lo que el aconsejado siente que otros deben hacer o no hacer

También existe otro tipo de sentimiento que el aconsejado experimentará y que se necesita descubrir para poder realizar una mejor evaluación. Cuando una persona enfrenta un conflicto que involucra a otro, no puede evitar pensar en lo que esa persona hizo o no hizo. Esto también podemos dividirlo en sentimientos abiertos o encubiertos. Sentimientos abiertos serán aquellos que comunican lo que sentimos en nuestro juicio sobre la actuación de la otra persona. Por ejemplo: "Mi esposa tenía todo el derecho de enojarse, pero no de haberse desquitado con los niños. Cuando ella estaba llorando mi hijo se le acercó, y no sólo lo rechazó sino que lo empujó. Por ese motivo el niño se puso a llorar".

El sentimiento encubierto es aquel que no se expresa; es el que produce el mayor efecto negativo en las relaciones interpersonales, pues la persona se convierte en una bomba de tiempo y cuando ya no resiste la presión, puede entrar en seria angustia y depresión, o expresarlo de una manera destructiva.

Por ejemplo: "Me ridiculizó delante de nuestros familiares y aunque quise maltratarlo, tragué duro y me comí la rabia. Ahora siento que ni siquiera deseo visitar a sus familiares, y astutamente evitaré hacerlo".

El método de investigación de las experiencias

Usted ya debe haber comprendido que el asesoramiento no es fácil, pues no todos quieren realmente recibir consejo. Algunos sólo quieren ser escuchados. También espero que se haya dado cuenta de que no todos están dispuestos a admitir lo que sienten ni a efectuar los cambios necesarios. Otros prefieren contar sólo una parte de la verdad, o agregan detalles para que su argumento tenga éxito, o pueden narrar sus experiencias pero no hablan de sus sentimientos, y muchos lo hacen de sus sentimientos sin revelar nada de su comportamiento. Pero a pesar de la resistencia del aconsejado a revelar completamente la situación, o de su rechazo a relatar la experiencia y su búsqueda de fórmulas de evasión para no confrontar la realidad, en este proceso de escuchar al aconsejado debemos usar todos los medios disponibles para que este sea específico.

Nuestra labor es tomar las acciones adecuadas que nos permitan identificar más específicamente las experiencias, el comportamiento y los sentimientos del aconsejado, y de todas aquellas personas que estén involucradas en el problema. Para lograrlo debemos tener precaución de hacer las preguntas específicas, y de tomar el tiempo necesario para este proceso de identificación:

Hacer las preguntas específicas

Mediante preguntas intentamos identificar lo más certeramente posible cuál ha sido la experiencia vivida y cuál es la situación actual. A pesar de que la tendencia del aconsejado será dar vueltas y evadir, nosotros debemos tratar de que sea específico. Hay momentos en que para lograr este objetivo podemos usar adverbios como: quién, qué, dónde, cuándo, cómo, para que. No se debe usar "por qué", pues si el aconsejado supiera el por qué no buscaría consejo. Si lo hacemos produciremos confusión y no nos ayudará en la exploración. Una de las preguntas que utilizo mucho en el proceso de asesoramiento, es: ¿Puede definir lo que dijo? Ésta es una de mis técnicas favoritas, pues presiona a la persona a ser específica e ir de los pensamientos o los sentimientos al comportamiento.

> *"Debido a que generalmente el aconsejado desea ser comprendido y apoyado, no siempre habla específicamente de lo que ocurrió en la situación que experimentó. Muchos prefieren entregar definiciones vagas de problemas específicos, con el fin de encontrar apoyo y comprensión, pues no están listos para asumir su responsabilidad y realizar los cambios que le proveerán la solución".*

Cuando Renán llegó a mi oficina me comunicó que no podía tener una buena relación con su ex esposa porque la situación era conflictiva, y ahora ni siquiera quería dejarlo ver a su hijo. Él tenía la evaluación, la acusación, el juicio y la sentencia. Decía que su ex era culpable del dolor que él sentía y de no poder ver a su hijo.

"Me siento mal por lo que ella hace", me dijo. Le contesté: "Define la palabra ´mal´ y también ´qué hace´ tu esposa." Renán contestó entonces: "Me siento muy enojado porque ella no me deja ver al niño." Le repetí una vez más: "Defíneme lo que quieres decir con 'no me deja ver'." El lo hizo diciendo que desde hacía dos semanas, después de un incidente, ella no le dejaba ver al niño. Cuando le pedí que definiera 'incidente', me dijo que su ex le había reclamado cuando él llegó tarde a recoger al niño, porque esto le había creado dificultades. Le pedí que me dijiera cuán tarde llegó y que definiera 'dificultades'. Renán dijo: "Llegue más de una hora tarde y ella me aclaró que tenía una reunión de trabajo a la que iba a llegar muy atrasada pues no había podido dejar al niño solo, y que por eso tendría consecuencias." Le pedí que me definiera el significado de 'consecuencias" y que me especificara cómo se lo dijo. Contestó que su ex se lo había dicho porque en repetidas ocasiones se lo había advertido. Como conclusión, ahora no podía ver al niño por tres semanas. Le pedí entonces que definiera 'repetidas ocasiones'. Renán me comunicó que ésta era la cuarta vez que fallaba.

Cuando al finalizar la sesión obtuvimos la verdad de lo ocurrido, llegamos a la conclusión que no era la ex esposa de Renán la culpable, sino él. Con quien debía estar enojado era con él mismo, por su irresponsabilidad. Pero no podíamos llegar a esta conclusión sin haber pasado por todo el proceso de motivar al aconsejado a hablar sinceramente y siendo específico.

LECCIÓN: El consejero debe realizar preguntas concretas y enfocar al aconsejado para que defina palabras, actitudes y comportamientos propios y ajenos, de la forma más específica y honesta posible. Sólo con honestidad y comprendiendo las situaciones con profundidad, puede el consejero entregar consejos y directrices que orienten de verdad, y sugerencias que al ser aplicadas le permitirán vivir vidas transformadas.

Tomar el tiempo necesario

No debemos asumir que con un poco de tiempo dedicado a la investigación ya lo conocemos todo. Si interrumpimos la evaluación sin tomar el tiempo necesario, tenderemos a evitar la investigación y correremos el riesgo de llegar a conclusiones precipitadas que pueden ser equivocadas. Si esto ocurre, el aconsejado se dará cuenta de que no entendemos y no estamos llegando a una conclusión lógica y adecuada. Tomar el tiempo que sea necesario, aunque a veces esta demora puede hacer que el aconsejado se decepcione.

Para poder ser efectivos y lograr que el paciente sea específico, necesitamos tener un buen balance. No debemos darle una cita de 15 minutos, pues él podría pensar que por el corto tiempo compartido su visita fue algo inútil. Tampoco demos citas demasiado largas que nos saquen de lo específico, con la sola intención de que el aconsejado piense que fue un tiempo útil. En la práctica las sesiones demasiado largas pueden transformarse en inútiles. Es muy importante que tomemos algunas medidas para organizarnos, y que el aconsejado sepa cuánto tiempo tendrá para su relato. Podemos ponernos de acuerdo en una sesión de 45 minutos, así no tendrá expectativas exageradas.

Dividir las sesiones

Las sesiones de consejería deben ser divididas, pues en los largos tiempos de conversación sólo una parte es aprovechable. Por ejemplo, dicen los entendidos que en una sesión de 3 horas, sólo se aprovechan 15 minutos. Es mucho mejor dividir esas 3 horas en 3 sesiones, y así tendremos 45 minutos aprovechables. Si el consejero decide tener una sesión semanal, habrá un gran espacio de tiempo entre una y otra, por lo que, si no planificamos alguna actividad para el aconsejado, nos haría correr el riesgo de que pierda la secuencia del proceso. Por ejemplo, para aprovechar ese tiempo el aconsejado podría hacer alguna práctica sin entrar necesariamente a entregarle responsabilidades, pues a esta altura del proceso eso todavía no sería oportuno, porque no estará preparado para cumplirlas. El tener sesiones divididas y el usar del tiempo entre ellas, nos ayuda para controlar mejor nuestro propio tiempo y el del aconsejado.

Establecer previamente el tiempo

Si fijamos con anticipación el tiempo que usaremos en la sesión de consejería y lo comunicamos con claridad, evitaremos desperdiciarlo y que el aconsejado mantenga excesivas expectativas. Es sabio darle a conocer la extensión de la sesión, y a medida que avanzamos darle también indicación del tiempo que resta para terminarla; así usará mejor los últimos minutos. Esto además nos ayuda a no cortar bruscamente la sesión, porque es inadecuado y puede interrumpir el flujo de pensamiento y demostrarle al aconsejado una falta de interés. Si en cambio se le comunica: «Vamos a aprovechar estos últimos 15 minutos para hablar sobre este tema», le estamos limitando el tiempo y exigiéndole que sea específico.

> *"Los consejeros deben recordar que no todas las personas realmente buscan consejo, muchas comparten sus situaciones con diferentes motivaciones. Algunos buscan ayuda porque la otra parte les ha impuesto esa condición, otros para ser escuchados aunque no están dispuestos a cambiar su situación. Por ello, muchos no quieren dar toda la información necesaria, otros no quieren revelar sus sentimientos, y otros no aceptan que cometieron errores en su comportamiento. Sin embargo, a pesar de la resistencia del aconsejado a revelar completamente la situación, o de su rechazo a relatar lo que realmente ocurrió en el conflicto o de su insistencia en utilizar formas para evadir su responsabilidad, el consejero debe actuar con pericia y autoridad. Debemos tomar todo el tiempo que sea necesario para investigar profundamente, para avanzar con el proceso en forma disciplinada, para comprender la situación real que vivieron, el comportamiento que tuvieron y los sentimientos que experimentaron".*

Las áreas de investigación necesarias

Es preciso que el consejero investigue las diferentes áreas que estuvieron involucradas en la experiencia que tuvo el aconsejado. No debemos olvidar que toda situación vivida por la persona incluirá algunas cosas, tales como: el relato específico de lo que ocurrió (suceso), una descripción de su actuación o de la de otros (comportamiento) y las emociones que estuvieron involucradas (sentimientos). Para poder entender bien la situación, el consejero debe asegurarse que cuando el aconsejado relate su experiencia lo haga detallando las siguientes áreas:

Que sea específico sobre el suceso

Nuestro anhelo debe ser que el paciente relate, de manera clara y específica, las circunstancias que rodearon la experiencia que está compartiendo.

Para lograr este propósito el consejero puede hacer algunas preguntas que sean apropiadas al relato, tales como: quién pegó, besó, abrazó, gritó; cómo, dónde y cuándo lo hizo; cuáles fueron las circunstancias; en qué lugar; quién estaba presente. El consejero debe buscar los detalles necesarios para luego armar el rompecabezas y, en algunos casos, que se revele también el día, la hora, el lugar, las personas involucradas, etc.

Que sea específico sobre
su comportamiento

Para conocer las motivaciones que tenía, debemos tratar de que el aconsejado nos relate cómo actuó él en ese momento. Podemos preguntarle sobre qué estaba pensando cuando dijo eso, cuáles eran los pensamientos que lo movieron a actuar de la manera relatada, cuál fue su conducta, cómo reaccionó. Aunque es difícil que el aconsejado se acuerde específicamente de todos los detalles de su actuación, debemos tratar de conseguir la mayor cantidad de ellos. Si logramos que nos relate algo de la motivación que tuvo para su actuación nos ayudará a conocer algunas de las razones que tuvo para llegar a ese determinado comportamiento.

Que sea específico sobre sus sentimientos

En todo suceso también han estado involucrados los sentimientos, y es importante que el consejero los descubra. Para lograr que el aconsejado sea específico en este tema, también es necesario que el consejero realice una serie de preguntas. Por ejemplo, sobre qué impresión tuvo cuando ocurrió ese incidente, qué sensación experimentó en medio de la situación, cuál era su estado de ánimo, qué recuerdo tiene del acontecimiento y si este recuerdo es positivo o negativo. En casos específicos se puede averiguar sobre qué sintió cuando su esposo la insultó, o cuando su madre, un familiar o determinada persona realizó aquellas declaraciones, etc.

Nunca debemos preguntar por qué la persona tuvo esos sentimientos, pues éstos son automáticos y no planificados. No debemos crear confusión, pues si alguien busca consejo es porque desconoce esas razones, y es precisamente en ese tema donde estamos tratando de ayudar.

Debemos hacer conocer a los aconsejados que los sentimientos no son buenos o malos en sí mismos, sino sólo emociones que llegan al ser humano, y que son necesarias para que podamos evaluar lo que vivimos. No podemos pedir a las personas que no sientan lo que sienten, pero sí podemos ayudarlas a lidiar sabiamente con los sentimientos y a ser prudentes en su actuación. Debemos enseñarles a comportarse de acuerdo con principios, pues lo que determina si existe o no el pecado es la conducta que decidimos tener como producto de lo que sentimos.

Una vez más les recuerdo que no debemos entregar responsabilidades a los aconsejados mientras todavía estemos en el proceso de evaluación. Aunque en esta parte de la consejería estamos tratando de encontrar la verdad sobre lo que ocurrió, y por ello intentamos ser específicos, no significa que tengamos que iniciar la exploración de la situación actual que él esté viviendo, sino tratar de que el aconsejado sea primero específico en los detalles del acontecimiento, sin explorar lo que piensa en el momento presente y sin indagar sobre cuál es su idea actual del problema. Debemos buscar tener claridad sobre detalles que fueron parte del suceso, para tener así una vista panorámica de la situación general.

En todo este proceso siempre se le debe pedir al aconsejado que sea específico en sus sentimientos, porque es imprescindible ganarse su confianza para que pueda recordar y revelar aún más, y para que espere con atención los consejos que le entregará el consejero cuando llegue el momento apropiado. Casi siempre los que pertenecen a una misma iglesia y se encuentran en problemas adquieren confianza con mayor rapidez, pues es más común que los miembros de una congregación busquen ayuda. Algunos comienzan dándonos confianza poco a poco, y aunque no debemos desestimar o evitar lo primero que nos cuenten, tampoco debemos pensar que eso es todo lo que necesitamos saber. Por lo tanto, es imprescindible que sigamos desarrollando la confianza para lograr saber todo lo posible y necesario para dar un consejo bien fundamentado.

· · · CAPÍTULO 5 · · ·

"Las personas en conflicto inician su camino hacia la restauración cuando concluyen exitosamente el proceso de encontrar la realidad de lo que ocurrió en la situación que experimentaron y las circunstancias que la rodearon. Si el aconsejado con la ayuda del consejero comienza a mirar el problema como Dios lo ve y a evaluarlo basado en convicciones y no en sus emociones, entonces está listo para descubrir la realidad y admitir su responsabilidad. Esa es la única manera de restaurar una relación quebrantada y de comenzar a desarrollar relaciones sabias y bien equilibradas".

Segunda Etapa del Proceso de Asesoramiento: Encontrar la Realidad

1. Definición

Es el procedimiento mediante el cual descubrimos la verdad de lo que ocurrió y las circunstancias que rodearon al hecho. Cuando el conflicto, sus raíces y los efectos llegan a ser conocidos por el aconsejado, entonces hemos hallado la realidad. Cuando por él mismo se da cuenta, cuando percibe que su actuación fue errónea o inadecuada, cuando el aconsejado, de acuerdo con sus nuevos valores adquiridos durante el proceso de asesoramiento, ya es capaz de identificar nuevas opciones que son diferentes a las que tomó en el momento de la crisis, y que lo llevaron al conflicto.

Así como al brindarnos su mensaje el predicador no debe esperar que éste se convierta de inmediato en una realidad en la vida de la gente, tampoco el consejero debe creer que el aconsejado actuará bien porque le dijo que lo hiciera así, sino porque se dio cuenta y ahora él mismo está convencido de que actuó mal. Cuando haya sido recibido, el mensaje debe realizarse. Para que sea efectivo, todo nuevo concepto debe llevarse a la práctica. El mensaje debe darse, el receptor debe recibirlo y comenzar a practicarlo, y por esa nueva práctica vendrán otras habilidades que le permitirán enfrentar su realidad con sabiduría.

En este momento del proceso de consejería tratamos de establecer lo que realmente ocurrió cuando sucedió el conflicto, y las razones que lo provocaron. Es como si el consejero hubiera grabado todo el evento, las reacciones y acciones que tuvo el aconsejado y los demás involucrados, si los hubiere, y por primera vez le muestra la grabación. Con esto, el paciente tiene la posibilidad de ver la repetición en «cámara lenta», y de ser, al mismo tiempo, observador y juez de todo lo ocurrido. Al ver esto, y ahora con más elementos, con nuevos valores y con una mayor capacidad de evaluación, él podrá tener una percepción más justa y adecuada, basada más en los principios bíblicos que en su propia formación. Si sólo quiere actuar de una nueva forma porque el consejero lo dice, entonces el aconsejado no ha encontrado la realidad. La descubre cuando su percepción del problema ha cambiado porque ha descubierto nuevos valores dignos de suplantar a los anteriores que lo llevaron a cometer acciones inadecuadas.

Ejemplos

El encontrar la realidad depende directamente del concepto, de la idea que tengamos sobre cómo se originaron los problemas y qué ocurrió en ellos.

Algunos ilustran el inicio de los conflictos poniendo como ejemplo algo que comienza muy pequeño y luego crece hasta tener una fuerte y única raíz, y luego distintas ramificaciones. Esto estaría bien ilustrado con lo que ocurre con una zanahoria, que siendo una única y gran raíz permite que surjan luego las ramificaciones hacia la superficie. Sin embargo, parece más adecuado pensar en los problemas tomando como ejemplo un árbol y sus raíces, que nacen de una semilla y que más tarde crece en el interior de la tierra, para luego desarrollarse en un gran tronco que, finalmente, produce una serie de ramificaciones y frutos.

> *"Los problemas que enfrenta el aconsejado no son como una zanahoria. Es decir, no tienen una sola raíz que produce muchas ramas. Los problemas son como un árbol. Una semilla produce diferentes raíces que permiten que crezca un tronco fuerte que da frutos diferentes. Toda persona tiene una naturaleza pecaminosa que produce semillas llamadas pecados. Del pecado surgen raíces pecaminosas que producen troncos fuertes de costumbres malas que no pueden producir frutos buenos. Frutos como la deshonestidad, el orgullo, la infidelidad o el egoísmo nos impiden relacionarnos saludablemente con Dios, con los demás y aun con nosotros mismos".*

Las raíces son como cadenas que nos atan firmemente al terreno en que estemos plantados. Por eso, en este proceso de hallar la realidad, debemos descubrir cuáles son esas cadenas y cuáles los hábitos adquiridos durante nuestro existir como producto de las circunstancias vividas que nos llevan a tener determinada percepción. El consejero debe hacer un gran esfuerzo para que el aconsejado comprenda que enfrenta una realidad diferente a la del pasado. Para que entienda que las respuestas que tuvo antiguamente fueron parte de ese momento; pero que en su situación presente no está obligado a repetirlas. Esa respuesta anterior pudo ser muy mala o muy buena para su circunstancia, para su niñez o adolescencia, pero de ninguna manera sigue siéndolo en el presente.

El consejero debe hacer que su paciente compare la situación con la respuesta, pues esa acción, reacción o conducta, que tal vez fue correcta, por ejemplo para un soltero, ya no lo sería para un casado, etc. Quizá esa fue la manera que encontró para sobrevivir emocionalmente en determinada circunstancia, pero es preciso que entienda, y debemos ayudarlo en esta parte del proceso, que en su nueva realidad el repetir actitudes del pasado, le traerá más daño que beneficio.

Hay individuos con raíces que los atan e impiden su desarrollo. Hay otros con patrones de conducta aprendidos o prejuicios, que como también son cadenas y nos invaden dificultando nuestro trato con las personas, nos llevan a tratarlas como pensamos que son y no como son en realidad. Esto ocurre porque a veces no tenemos un conocimiento cabal de los demás, de sus principios, valores o motivaciones, ni de las circunstancias que están viviendo, o de las acciones que realizan.

> *"Hay individuos que debido a pecados propios o como resultado de traumas por pecados de otros, tienen raíces muy profundas que les atan al dolor del pasado y no les permiten vivir una vida saludable en el presente. Debido a que ellos se acostumbraron a vivir de la manera que les exigían las circunstancias dolorosas que estaban experimentando, ahora, a pesar de que viven nuevas situaciones, siguen atados a sus antiguas costumbres. Debemos ayudarles a que no sigan repitiendo ese mismo comportamiento, pues nunca saldrán de sus conflictos y vivirán en permanente sufrimiento".*

Desde niño, José pasó mucho tiempo en la calle con sus amigos. Como era huérfano de padre y su madre trabajaba la mayor parte del día, se acostumbró a vivir como un libertino, pues no tenía otra opción. Cuando se casó, insistió en seguir saliendo con frecuencia de su casa, y por este motivo tuvo serios problemas con su esposa. En su niñez actuó así porque creyó que esa era la respuesta adecuada para las circunstancias que le tocó vivir, pero al casarse comenzó a enfrentar una realidad muy diferente, y fue erróneo comportarse como si fuera soltero, cuando ya llevaba algún tiempo de casado.

2. *La realidad y la reconciliación*

La reconciliación está íntimamente ligada con la relación. El apaciguamiento de las actitudes hostiles, la intercesión para que se reanuden las relaciones saludables, la mediación para encontrar la paz entre personas en conflictos, es un ministerio que ha sido entregado a la Iglesia, y no sólo a alguno en particular sino a cada uno de sus miembros. Observe lo que Pablo explica en su Segunda Carta a los Corintios, capítulo 5, vs. 14 al 21. La vida de Jesucristo es el mejor ejemplo de este maravilloso ministerio de la reconciliación. No es algo raro que este extraordinario ministerio haya sido parte de la vida de nuestro Señor, porque Él vino a este mundo para reconciliarnos con Dios y para que podamos vivir en armonía los unos con los otros. Es que reconciliados con Dios tenemos la más grande posibilidad de estarlo con nuestra familia. Los padres, los hijos, los esposos que son fieles en la aplicación de los principios establecidos por la Palabra de Dios, pueden vivir reconciliados.

Mientras más estudio las relaciones humanas, más comprendo que la reconciliación comienza con aceptar la realidad de lo ocurrido. Cuando alguien se da cuenta de algo, es porque verificó y comprobó lo que pasó. Cuando esto sucede, la persona tiene, por primera vez, la oportunidad de estar consciente de su incapacidad, pues le ha llegado el momento en que puede reconocer sus fallas. Si a esto le añadimos la ayuda de la consejería, logrará tener una mayor claridad sobre toda la experiencia vivida. Por primera vez será capaz de percibir la realidad del conflicto y las acciones y reacciones que tuvo. Al examinar retrospectivamente todo lo que pasó, verá su propia realidad como Dios la ve, pues el consejero la ha ayudado a comprender lo que Él piensa y siente. Al mirar el problema y las implicaciones basado en principios y valores bíblicos, el aconsejado comprueba y verifica lo que ocurrió y tiene la posibilidad de iniciar la reconciliación.

> *"Existe una gran diferencia entre tener una perspectiva personal del conflicto entre dos personas y entender la verdadera realidad de lo que ocurrió. Los pacientes pueden vivir discutiendo sus opiniones y sus perspectivas y nunca llegar a acuerdos porque todos vemos la vida y los problemas de una forma diferente. Por ello, es esencial que el consejero ayude a los personas en conflicto a descubrir la realidad de lo que ocurrió, la circunstancias en que los problemas se dieron, la conducta que tuvieron, las emociones que experimentaron y todo lo evalúen bajo los nuevos principios y convicciones que han aprendido. Sólo evaluando objetivamente y basados en convicciones las personas en conflictos encontrarán las debidas soluciones".*

Rodrigo estaba muy decepcionado porque había descubierto que su amigo Alberto lo engañaba. Me decía que siempre trató de ser lo más honesto posible, aunque reconocía que tenía problemas para aceptar las confrontaciones. Al suceder esto, Rodrigo pensó que no sólo debía rechazar la actitud de Alberto, sino terminar con su amistad, pues no era posible mantener una relación de este tipo cuando existe engaño.

Como a su vez Alberto no quería perder la amistad de Rodrigo, decidió buscar ayuda. Después de algunas sesiones descubrimos la realidad. Al examinar retroactivamente el incidente, Alberto confesó que Rodrigo decía la verdad: como él no había querido prestarle su computadora portátil, le mintió justificándose con que se la había prestado a su hermana. Justo ese fin de semana, al charlar Rodrigo con la hermana de Alberto, comprobó que éste lo había engañado, pues ella negó tener la computadora. Descubrir la realidad fue una experiencia dolorosa, pero positiva. Alberto estaba cansado de recibir la misma petición casi todos los fines de semana. Como él sabía que a Rodrigo no le gustaba que lo confrontaran, por eso prefirió engañarlo en vez de comunicarle que sólo podría prestarle la computadora en algunas ocasiones, pero no cada vez que él la quisiera. El asesoramiento ayudó a ambos a descubrir la realidad. Rodrigo había abusado y Alberto estaba cansado y quería establecer límites. Rodrigo odiaba que lo confrontaran y Alberto no sabía cómo hacerlo. Cuando les mostré la verdad de lo que estaba ocurriendo y los principios que debían regir una buena amistad, ellos llegaron al final de la etapa de encontrar la realidad e iniciaron su camino a la restauración.

LECCIÓN: Como es imposible conseguir la restauración sin pasar por la etapa de encontrar la realidad, el consejero nunca debe pedir un comportamiento diferente mientras los aconsejados no vean esa realidad y no puedan juzgarla con los nuevos principios y valores adquiridos.

He notado que muchos padres cometen el serio error de exigir una restauración a pesar de que los hijos en contienda no han logrado encontrar la realidad. Hay padres que los obligan a perdonarse en un momento en que ambos creen tener la razón, y cuando aseguran que es el otro el equivocado. Esa no es una restauración verdadera, sino una acción forzada por una autoridad. En realidad, lo mismo hacen algunos consejeros cuando después de algunas conversaciones y de tratar con los frutos del árbol de problemas sin haber tratado las raíces, piden a las personas en conflicto que se perdonen. Ellos generalmente lo hacen, pero no han visto la realidad del conflicto ni entienden el error que cometieron.

Suponga que en una familia los hijos discutieron, y por la agresividad demostrada la crisis llegó a convertirse en un serio conflicto. El padre se da cuenta de la situación, y después de una airada exhortación los obliga a perdonarse y les advierte que si no quieren hacerlo recibirán un castigo. Ante la amenaza, los hermanos se perdonan, pero su "actuación" ha tenido una motivación errónea, porque ellos no han descubierto la realidad, sino que más bien han aprendido a ocultarla para lograr sus propósitos. Si esta experiencia se repite constantemente, puede convertirse en un patrón de conducta. Cuando se oculta la realidad, no hay reconciliación posible.

Así como la reconciliación con Dios es vital para poder tener una nueva vida, la reconciliación verdadera con otras personas es esencial para tener relaciones saludables. Las personas que viven con un estilo de vida pecaminoso y que como consecuencia destruyen sus relaciones interpersonales, no pueden cambiar su relación sólo pidiendo perdón de una manera superficial. Ellos deben entender la realidad, el dolor, el daño que causan, comprender los errores que cometen, entender cómo relacionarse con sabiduría y cambiar sus valores. Todo esto es posible si determinan someter su vida a los principios y valores divinos. Sin permitir que Dios sea parte de su vida, no podrán tener control de su naturaleza pecaminosa porque no pueden vencer, en forma natural, su tendencia a la maldad.

La raíz de los problemas personales y de relación es nuestra naturaleza pecaminosa. Por eso, mientras no tengamos una relación con Dios que nos permita salir de la esclavitud del pecado, no nos será posible vivir como individuos restaurados.

Las constantes peleas de Eduardo y Angélica eran resultado de una lucha sin victoria, una parte de la serie de consecuencias que había, estaban y continuarían sufriendo si no lográbamos atacar la raíz del problema. Angélica no podía controlar su naturaleza pecaminosa: su vida, dominada por su tendencia al pecado, le ocasionaba constantes conflictos. Por más que había luchado contra los valores que fundamentaban sus acciones, pues había comprobado que eran equivocados, no logró salir victoriosa. Muchas veces había decidido moralizar su conducta, pero sus esfuerzos resultaban vanos, pues el pecado la dominaba.

Un día en mi oficina, por la acción del Espíritu Santo logró ver su realidad: aunque era una mujer pecadora y deseaba hacer lo bueno, el mal la vencía. Me alegraba que ella aceptara que no podía seguir de la misma manera. En esa sesión abrió su corazón para contarme la historia de su vida. Su madre había sido constantemente humillada, maltratada y por último abandonada por su marido. Al verse desamparada buscó protección en otro hombre y éste, aprovechándose de su situación, jugó con ella, le hizo promesas, la usó y también la abandonó. Luego siguieron pasando otros hombres por su vida y, por supuesto, por la casa donde ella vivía; todas esas experiencias fueron presenciadas por Angélica. Por un tiempo se sintió intimidada, molesta y enojada por el estilo de vida de su madre, pero poco a poco fue repitiendo su historia: había aprendido el mal que ella practicaba y adoptó su estilo de vida pecaminoso.

Angélica reconoció que había jugado con sus sentimientos y con los de los hombres que quisieron usarla, como lo ocurrido con su madre, pero ella se había prometido que nunca lo permitiría. Jugando con uno y otro fue saltando de una a otra relación, hasta que terminó casándose por los motivos equivocados. Ella pensó que el matrimonio sería la solución a su problema, pero poco a poco volvió a su rutina de decepcionarse de un hombre, y comenzar a usarlo. Angélica regresó a su mismo patrón de conducta, aunque con una diferencia: por primera vez se había casado y se había comprometido a mantener una relación saludable.

Con la ayuda del Espíritu Santo, se miró a sí misma como Dios la veía. Se encontró necesitada e impotente. Confesó sus pecados a Dios, a su marido, y determinó aceptar a Jesucristo como su Señor y Salvador. Aceptó también ser una pecadora que elegía vivir en pecado, y que no podría tener victoria sin la ayuda de Dios. Aceptó que necesitaba a Jesucristo y por su confesión, arrepentimiento y búsqueda de perdón, obtuvo la salvación, una vida nueva y el poder para luchar las nuevas batallas que se iniciaban. No puedo decir que Angélica nunca más pecó, pero las palabras que me dijo después de un tiempo, sí son una clara descripción de su nueva realidad. Note lo que escribió:

«Continuaron viniendo a mi mente pensamientos pecaminosos y al poco tiempo caí en pecado nuevamente, pero esta vez estaba destrozada. Nunca me había dolido tanto y nunca me había sentido tan destruida espiritual y emocionalmente. Me arrepentí y decidí seguir fortaleciendo mi relación con Dios, y así comenzó a debilitarse mi relación con el pecado. Cada día tenía más victorias y aunque hoy todavía no puedo evitar los malos pensamientos, llevo más de un año siendo fiel y amando a Dios y a mi marido. Si uno ha tenido una dependencia sexual es muy difícil salir, pero cuando Cristo entró en mi vida, me dio un poder que me permite mantenerme en victoria».

Cuando alguien acepta que el poder de Dios opere en su vida, en algunos casos la victoria es producto de un milagro divino, pero casi siempre es un proceso que de ninguna manera significa "no volver a pecar", sino "no vivir dominado por el pecado". Sin duda, el consejero puede ayudar en gran medida a quienes no quieren entrar en una relación con Cristo. Sin embargo, la ayuda llegará a un límite que no puede ser traspasado. Con los aconsejados que no desean reconciliarse con Dios podremos llegar a que descubran la realidad de lo ocurrido y que entiendan las razones de su comportamiento, pero nunca hasta el punto de partida de todo, es decir, que la persona enfrente la raíz del mal que es la naturaleza pecaminosa del hombre. Según la *Biblia*, somos imagen de Dios (Génesis 9:6; Salmos 8) y sólo Jesucristo es el hombre perfecto, porque todos nosotros debemos enfrentar una negra realidad que se llama pecado. Al mirar la vida y el ejemplo de Cristo podemos comprender para qué fue diseñada la humanidad, y entender que sólo al volver al Cristo que provee redención, restauración y una nueva naturaleza, el hombre puede llegar a ser como Dios lo creó.

El hombre no reconciliado con Dios puede armonizar su relación con otros seres humanos, pero no con Dios, mientras que el que está reconciliado con Dios puede reconciliar todas sus relaciones.

ANTES	AHORA	CONSECUENCIA
Lejos	Cerca	Reconciliado con su realidad
Odiado	Amado	Reconciliado con sus emociones
Sín Dios	Hijo de Dios	Reconciliado con la familia de Dios
Sólo	Convertido	Reconciliado con Dios

3. El proceso de encontrar la realidad

En este proceso de hallar la realidad del suceso, tenemos que hacer un análisis de las implicaciones que el conflicto tuvo en el momento que ocurrió, y las que tiene actualmente. Las repercusiones nos pueden mostrar las defensas que adoptó el paciente, o las formas de protección que ha establecido como medio de seguridad.

3.1 Buscar la realidad del conflicto

Buscar lo que realmente está viviendo una persona como producto del conflicto o las razones por las cuales éste ocurrió, es como examinar las piezas de un rompecabezas y comenzar su análisis para iniciar el proceso de armarlo adecuadamente. Examinamos las piezas cuando hacemos un análisis de las repercusiones, de las secuelas que el aconsejado experimenta y de las defensas que éste haya creado.

La necesidad de descubrir las implicaciones

Para descubrir la realidad y ver las implicaciones que esta experiencia ha tenido en el aconsejado, necesitamos hacer un examen de todas aquellas áreas donde le está afectando.

Casi siempre, las mujeres que fueron objeto de abuso han generado un sentimiento de rechazo y no logran tener una buena amistad con los hombres, pues por el temor a ser nuevamente heridas utilizan algún mecanismo de defensa. Como consejero he observado que algunas han descuidado su apariencia física para no llamar la atención, y para evitar pasar por el temor de ser presionadas o manipuladas por ellos. He aconsejado a algunas mujeres que deciden casarse, pese a que han tenido la oportunidad de examinar y ob-

180

servar que ellos tienen un comportamiento erróneo, y aun así deciden guardar silencio y seguir adelante. Otras inician una nueva relación afectadas por experiencias del pasado que las dejaron marcadas, a pesar de que durante el período de enamoramiento ya han llegado a la conclusión que no pueden tener mucha cercanía con su novio, pero deciden continuar con la relación porque manteniendo esa distancia encuentran seguridad. Su mecanismo de defensa las lleva a permitir una relación a pesar de no experimenta mayor cercanía, y de que el hombre no demuestra ser muy cariñoso. Ellas deciden seguir adelante pese a que sus futuros maridos se muestran apáticos y fríos, porque no están preparadas ni aceptan tener una relación íntima.

Por supuesto que todas las que deciden relacionarse en esas condiciones cometen un serio error. La relación no cercana frustrará a esas mujeres, y cuando sus esposos decidan buscar más actividad sexual, descubrirán la distancia que ellas han establecido, y ellas, con el mayor acercamiento de sus esposos, se sentirán invadidas. Con el paso del tiempo y ya en la relación conyugal, las mujeres que vivieron experiencias dolorosas y traumáticas en el pasado, y que no hayan pasado por un proceso de sanidad, y si además se han casado por comodidad pese a la falta de cercanía que existía con su novio, pueden tender a evitar su actividad sexual o no desear que ésta sea muy seguida, creando así un conflicto en la relación conyugal. Otras mujeres que vivieron estos traumas determinaron preocuparse exageradamente por la relación y cuidado de sus hijos, buscando excusas para no tener cercanía con sus esposos.

Debemos ser muy cuidadosos con el proceso de análisis que realizamos en casos como éstos. El proceso de descubrir las complicaciones para la relación saludable debe continuar a pesar de todo lo que vayamos encontrando. No debemos detenernos a analizar cada implicación que encontremos, y mucho menos tratar de resolverla o de dar indicaciones, pues en ese caso comenzamos a exigir que la aconsejada tome decisiones que aún no está preparada para ejecutar. Es necesario seguir descubriendo las implicaciones que hubo en la realidad de ella, de tal manera que éstas se vayan amontonando y posteriormente caigan solas. Este proceso es como ir construyendo un castillo de naipes. La paciente va amontonando una carta tras otra, una implicación tras otra, hasta que finalmente todo se cae por su propio peso.

Debemos recordar una vez más que en la etapa de establecer la relación y encontrar la realidad no deben entregarse responsabilidades para que sean cumplidas por los aconsejados, porque aún no están preparados para llevarlas a cabo. Primero necesitan saber qué les está pasando en su interior. Debemos ayudarlos a que logren identificar muy bien su manera de pensar, cómo se sienten con respecto a ellos mismos y a los demás participantes en el problema.

También deben poder identificar cuáles son sus valores, y qué filosofía de vida los mueve a actuar de la forma en que lo han hecho. Es indispensable que adviertan las implicaciones que su conducta tiene para ellos y para los que los rodean, pues muchas veces un aconsejado ha actuado de determinada manera porque por su errónea manera de pensar le pareció algo positivo, aunque ante los ojos de todos haya sido algo negativo. Por esta razón necesitamos guiarlo hasta la realidad, y así poder estar bien consciente del efecto que su actuación produjo, para él y para cuantos le rodean. Como consejeros cristianos debemos tratar de que el aconsejado cristiano llegue a estar consciente de la diferencia que existe entre su forma de actuar y la conducta establecida por los principios divinos.

> *"El consejero ha logrado que el aconsejado descubra la realidad cuando éste llega a estar consciente de que su forma de actuar es el fiel reflejo de su forma de pensar, y de que ésta no resulta aceptable en las relaciones interpersonales saludables"*

Javier expresaba con claridad que estaba en contra de toda agresión y creía que su esposa exageraba al buscar mi ayuda por el maltrato que recibía. Carmen tampoco sabía que era una mujer maltratada hasta que leyó mi libro: *Cartas a mi Amiga Maltratada*. Entonces descubrió que no amaba a su marido sino que dependía emocionalmente de él. Después de entender que era una mujer que debía cuidar su dignidad y aprender el verdadero concepto de amor divino, comprobó que aceptaba la violencia porque pensaba erróneamente. Javier se dio cuenta del maltrato que daba porque la agresión fluía automáticamente de su mente. Recién pudieron comenzar su proceso de cambio cuando ambos descubrieron su realidad, entendieron que él maltrataba y que ella aceptaba el maltrato porque así era como pensaba cada uno, y que sus pensamientos y acciones estaban equivocados según lo que enseña la Palabra de Dios y el sentido común.

LECCIÓN: Que el consejero descubra las implicaciones del comportamiento erróneo del aconsejado es fundamental para poder ayudarlo a iniciar su proceso de cambio. Pero si es el aconsejado quien descubre las implicaciones de su comportamiento erróneo, no sólo será capaz de entender la realidad que él está experimentando, sino también el dolor que está causando. Cuando el aconsejado llega a estar consciente de que sus acciones son producto de sus pensamientos, que éstos son erróneos ante Dios y los hombres, y siente dolor por el daño causado, está preparado para iniciar el proceso de cambio.

Los consejeros cristianos debemos ayudar a los feligreses a comprender el milagro recibido por obra de nuestro maravilloso Señor, pero también que cuando Él determina no hacer un milagro que restaure inmediatamente nuestra área de error, nos manda que nos transformemos por medio de la renovación de nuestro entendimiento, a fin de que comprobemos cuál es la buena voluntad de Dios, agradable y perfecta. El apóstol Pablo en su Carta a los Romanos, capítulo 12, nos da el secreto de la transformación basada en el poder de Dios. Pablo dice que debemos renovar nuestro entendimiento para poder comprobar cuál es el deseo de Dios, Su voluntad en toda nuestra vida.

El consejero debe enseñar que Dios cambia el corazón y al darnos nueva vida y vivir en nosotros, nos otorga la posibilidad de realizar los cambios que sean necesarios en ella. El aconsejado debe aprender nuevos valores en la *Biblia*, y realizar todo esfuerzo por comenzar a practicarlos. También recibe ayuda de otros creyentes maduros, tales como los líderes, pastores y consejeros bien preparados, pues según la Palabra del Señor, la misión de éstos es perfeccionar a los santos. Al desear vivir para la gloria de Dios, el creyente deberá recibir instrucción de la Palabra y ésta actuará como un espejo por medio del cual podrá ver sus deficiencias, descubrir más de su realidad y comenzar a notar por qué todos podemos tener malos hábitos. Con la fuerza del Espíritu Santo en nuestra vida y nuestra decisión de aplicar el consejo divino, podemos comenzar a abandonar paulatinamente los hábitos destructivos que están reñidos con el mensaje de Dios.

La necesidad de reflejar las defensas

Ninguna persona se muestra totalmente abierta, vulnerable, franca, honesta y dispuesta a revelar sus debilidades. Todos los seres humanos tenemos defensas, porque todos buscamos amparo y protección. Si alguien me quita todas mis defensas me hace sentir como si anduviera desnudo. Siento peligro y vergüenza. Debido a ello, y por las circunstancias dolorosas que experimentaron, ciertas personas crean defensas. Éstas se constituyen en barreras tan grandes que impiden que la persona viva su condición real. El consejero debe ser cuidadoso al analizarla, pues generalmente y por las defensas creadas, se resistirá a ser muy objetiva con respecto a ella misma.

No sólo los consejeros debemos descubrir los mecanismos de defensa que la persona creó para su resistencia, sino que además los aconsejados podrán descubrir que los tienen. Cuando éstos encuentran la realidad por primera vez, descubren que la barrera que levantaron para defenderse también los aisla de las demás personas y les impide tener relaciones saludables. Los aconsejados deben llegar a ser capaces de analizar su comportamiento, pensamientos y emociones, y de ver su situación tal como Dios la ve. Sólo así no seguirán juzgando de acuerdo con su pensamiento egoísta y valores inadecuados, sino que lograrán, por primera vez, ver cada situación de una manera justa. Así, debido a su nueva forma de pensar, verán que las acciones que antes le parecían adecuadas eran, en realidad, erróneas.

Para poder cambiar, primero tenemos que convencernos de que lo que hacemos no es bueno y aceptar la crítica, especialmente cuando viene de personas que me aman. Sin embargo, cuando aprendemos a defendernos es difícil aceptar nuestros errores y tendemos a racionalizar, especialmente si crecimos en un ambiente familiar donde las críticas fueron duras, agresivas y abundantes. Poco a poco, mientras avanzamos en la vida, tenemos necesidad de recibir la aprobación de todos y como muchos luchamos por agradar a los demás, por esa razón buscamos tantas defensas.

Un niño puede mentir a su padre porque intenta defenderse de un castigo, pero no miente a sus amigos por la misma razón. Cuando lo hace ante sus amigos es sólo para agradarles o simplemente para ocultar alguna situación. Esto también puede ocurrir en la relación entre el aconsejado y el consejero. Si el paciente piensa que le falló al consejero porque lo ve como a un padre con excesiva autoridad, y esto lo lleva a evitar ser confrontado y a guardarse información con el fin de protegerse, es la mejor muestra de que todavía no existe una buena relación con él. No se debe avanzar sin que exista una relación saludable. El consejero tendrá que investigar cómo relacionarse y establecer el sistema de confianza necesario.

En algunos casos el consejero podrá tratar de apoyar más las pocas acciones correctas que está practicando una mujer dominante, o resaltar las virtudes que, en medio de todos sus defectos, tiene un hombre violento, para que éste pueda comprender que el consejero no lo está atacando como persona, sino identificando los actos, palabras o actitudes erróneas. A veces, cuando aconsejamos a niños rebeldes, hijos de una familia en conflicto, debemos tomar un paso muy práctico en la sesión que es sentarnos en el suelo junto a ellos, ubicándonos en un nivel más bajo para que nos vean hacia abajo y no hacia arriba, como acostumbran mirar a sus mayores o a sus padres.

Si debido a lo complicado que puede resultar remover las defensas del aconsejado evitamos este paso, no podremos conocerlo tal como es y estaremos saltándonos algo esencial. Algunos consejeros se van al otro extremo, es decir, tratan de extraer demasiado del aconsejado o de presionarlos en exceso, y por ello éste comienza a sentirse incómodo y a esforzarse por seguirnos la corriente pero sin mostrarnos cuáles son sus defensas.

Aunque un adolescente llevado por su madre a recibir consejería vaya por sugerencia de ella, en forma natural, se sentirá incómodo y no muy dispuesto a compartir sus intimidades. Cuando el consejero le pregunte acerca de la situación vivida tenderá a dar muy limitada información o a ocultarla. Algunos comentan muy poco o responden con señas. Si por la incomodidad que siente, el consejero quiere pasar rápidamente el paso de la relación, o lo critica porque está actuando a la defensiva, y lo presiona a cooperar más, sin duda logrará que el muchacho trate de responder con una mejor actitud pero usando otra defensa. Algunos, que hablan un poco más, usan sus palabras de manera inteligente, como herramientas para despistarnos.

Las defensas pueden convertirse en herramientas que se usan con habilidad para ocultar algún rasgo de nuestra personalidad, o como muros para esconderse con sagacidad de todo aquello que no podemos enfrentar con sabiduría y responsabilidad. Los consejeros debemos ir avanzando poco a poco, pues cuando pedimos al aconsejado que dé un paso muy grande, y no medio paso, éste buscará nuevas defensas. Si notamos que las defensas que tiene son demasiado grandes o difíciles de eliminar, podría ser el resultado de que no hemos logrado ser efectivos en el proceso de la relación, aunque la razón podría ser también otra. Debemos analizar si el tiempo dedicado fue suficiente, si necesitamos regresar otra vez a ese paso y volver a investigar más profundamente.

Cuando logramos identificar las defensas, nuestro trabajo cambia. Ahora tenemos la responsabilidad de reflejarlas para que ellos mismos puedan verlas. Es imprescindible que el aconsejado vea las murallas que ha levantado; luego necesitamos hacerle notar que para funcionar adecuadamente en la vida no necesita de ellas, y que si las mantiene no logrará el resultado que espera, sino que se convertirán en obstáculos.

Algunos aconsejados se enojan mucho por las sugerencias que les hacemos y ese enojo es, precisamente, su defensa; de esa forma intentan protegerse. Tienen que comprender que el resultado que obtendrán usando esa defensa será muy diferente del que podrían lograr eliminándola. Por tanto, deben poder analizar nuestra sugerencia, determinar si está de acuerdo con valores bíblicos y entender que el consejero tiene en mente su bien. Si no eliminan la defensa, entonces creerán que hasta el consejero está en su contra y crearán un nuevo conflicto con otra persona. Quien usa el enojo casi siempre cree que gana las discusiones, pues algunos se alejan, y las personas con las que tenía el conflicto ya no están cerca ni discuten con él. Pero la realidad es que como resultado de su enojo, de la utilización de su defensa, es él quien ha perdido pues ha alejado a sus amigos. El costo ha sido su soledad.

> *"Las defensas son herramientas que los aconsejados usan con habilidad para ocultar algún rasgo de su personalidad, o como muros para esconderse con sagacidad de todo aquello que no pueden enfrentar con sabiduría y responsabilidad. Si ellos mantienen esas defensas y no reciben la orientación indispensable, se sentirán aislados y no podrán desarrollar relaciones interpersonales saludables".*

Danilo estaba muy enojado por lo que su esposa me reveló en las sesiones de asesoramiento. Después de dos de ellas logré que comprendiera que las revelaciones que Marta realizaba eran esenciales para encontrar la raíz del problema. Se convenció de que aunque la perspectiva de Marta no siempre era la correcta, sí era la forma como ella veía la situación y la causa de actuar como lo hacía. Al llegar a la sexta sesión y descubrir formas erróneas de reaccionar y hacerle notar que su conducta era inadecuada, Danilo se enojó conmigo y comenzó a atacarme porque, en su opinión, yo defendía a su esposa. Por eso decidió no volver a las sesiones. Continuamos el proceso con Marta y la preparé para enfrentar sabiamente los enojos de su marido. Ella siguió las instrucciones y después de tres meses, Danilo estaba buscando ayuda pues los límites que su esposa había utilizado sí funcionaron y por primera vez él había sido apartado por su comportamiento inadecuado. Ya en varias ocasiones había experimentado la soledad, cuando su esposa decidió no permanecer cerca él porque la hería y maltrataba.

Cuando Danilo regresó iniciamos de nuevo el proceso de asesoramiento, esta vez tratando su problema y no el conflicto que éste generaba en la relación conyugal. Finalmente el aconsejado reconoció haber utilizado por años la estrategia de que la mejor defensa era un buen enojo y ataque, pero que en vez de lograr mejores relaciones eso lo conducía al distanciamiento y la soledad.

LECCIÓN: El consejero debe estar preparado para reconocer que, a veces, los aconsejados usan las mismas defensas en sus relaciones interpersonales y con la persona que los aconseja. En estos casos, el rechazo de uno de ellos no debe impedir continuar el proceso con el otro, si éste decide seguir recibiendo ayuda. Siempre que continuemos ayudando a la parte dispuesta y si sigue nuestras instrucciones, lograremos que esa persona aprenda a manejar su vida y sus relaciones. Cuando esto ocurre, en algunas ocasiones quien abandonó el proceso de asesoramiento volverá a buscar ayuda en otro momento.

Las personas que así actúan muestran una actitud defensiva, pero el resultado es también una actitud ofensiva. Quien vive a la defensiva aplica lo que piensan algunas personas, que «no hay mejor defensa que un buen ataque». Danilo llegó para consultarme acerca de la tristeza que experimentaba por su soledad, y porque su esposa lo ignoraba. Al investigar la verdadera raíz de su problema descubrimos que la soledad era producto del mal genio, de sus enojos y de la ira descontrolada que utilizaba para enfrentar sus conflictos. Nadie quiere relacionarse con quien los hiere. La soledad era la consecuencia del obrar de Danilo, y no la causa.

Otra manera en que podemos describir las defensas usadas por los aconsejados es pensar en ellas como botones de control o interruptores que cumplen una función en nuestra vida. Si alguien presiona uno de ellos, reaccionamos. Dependiendo de qué interruptor presionen, tendremos diferentes tipos de respuestas. Podemos notar que hemos presionado el botón de otro cuando éste reacciona, ya sea defensiva u ofensivamente. Esta verdad es fácil de detectar en nuestras relaciones familiares, pues en las familias llegamos a conocernos mejor. Entre hermanos sabemos muy bien cuáles botones nos hacen reaccionar, y por eso los presionamos cuando lo creemos conveniente y deseamos atacar. Esto también es verdad en las discusiones entre cónyuges. Todos conocemos qué botón presionar para lograr la reacción que buscamos o para provocar el dolor que queremos.

Lo mismo ocurre en el campo emocional. El consejero debe tener la habilidad de ir conociendo a sus pacientes, y en las sesiones de consejería detectar cuándo el aconsejado tiene una reacción más fuerte que la normal y cuándo se siente complacido por lo que hicimos, o por lo que hizo o dijo la otra persona con quien tiene el conflicto. De esa forma sabrá cuáles son sus defensas y cómo las está utilizando.

La primera pregunta que realizó Margarita cuando llegó a mi consultorio fue si yo era uno de esos consejeros que creía en la sumisión de la mujer. Esta pregunta fue muy reveladora, pues su temor era caer en manos de alguien que aprobara lo que ella no aceptaba. Su problema era la relación con su esposo, quien tenía muchas actitudes machistas. Su

temor era que este nuevo consejero fuera como los dos anteriores que su marido había buscado. En el proceso de
consejería detecté las murallas que ella había levantado para
protegerse, y las defensas que quería mantener aun con los
consejeros, para evitar ser dañada. El proceso la ayudó a
entender el verdadero concepto de sumisión, y entonces logró ver que tanto su esposo como ella estaban equivocados.
El espejo que le mostré le permitió reconocer que su forma
de protegerse no era correcta, y también que los conceptos
de su marido eran equivocados. Por lo tanto, con dos errores estaban tratando de lograr algo correcto.

Aunque Mónica llevaba cinco años casada, todavía no tenían hijos. Por eso pensaba seriamente en divorciarse pues,
en su opinión, no había comunicación en su relación conyugal. Por problemas mal manejados que los habían alejado
como pareja, ella decidió no tener hijos todavía y se dedicó
a trabajar la mayor cantidad de horas posibles. Lo mismo
hizo su esposo, así que se veían muy poco y cada vez se
sentían más alejados. Su consulta era sobre las razones que
los habían llevado a tanta lejanía en su escaso tiempo de
casados.

En mi investigación descubrí que ese había sido el patrón
de conducta de Mónica. Precisamente por eso se había casado, pues no quería seguir confrontando los problemas en su
hogar paterno y en consecuencia decidió salir de allí lo antes posible. Tan pronto comenzó a trabajar lo hizo con dedicación y a los seis meses de noviazgo decidió casarse, en
parte para salir de las relaciones conflictivas en su hogar.
Una vez más volvía a repetir el mismo patrón. Ella decidió
estar siempre ocupada para evitar pasar tanto tiempo con
su esposo y tener que confrontar los problemas. Éste era su
mecanismo de defensa. Después de mostrarle que la lejanía
no era la causa de sus problemas, comprendió que ella elegía la lejanía para no confrontarlos.

Las defensas que crean los individuos son muy variadas. La relación conyugal de Pedro era desastrosa. Él bebía con sus compañeros de trabajo todos los viernes, al terminar su jornada laboral, pero determinó buscar una nueva estrategia para impedir que su esposa le creara problemas. Pedro se mantenía sobrio hasta el viernes, pero cambió para el domingo el emborracharse con sus amigos, y ese día llegaba tarde a su casa. El lunes salía para su trabajo sin discutir con su esposa, aunque sabía que esto la disgustaba profundamente. Pedro usaba esta defensa porque su situación conyugal era desastrosa y quería evitar tener cualquier cercanía con ella. Pensaba que la única consecuencia que experimentaría sería la separación momentánea de quien, en su opinión, le estaba impidiendo divertirse. La verdad es que cuando su esposa buscó ayuda no estaba pensando en mantenerse separada los fines de semana, como él creía, sino en divorciarse de él, quien se había alejado de ella por tener un estilo de vida perjudicial para su relación conyugal. Mi trabajo fue mostrarle a Pedro que las defensas que buscó para mantener intacta la relación, más bien la estaban destruyendo. Por primera vez se vio como el destructor de su familia.

Ciertas enfermedades nos dan la pauta de alguna situación anormal que está viviendo la persona: algunas tienen desmayos, dolores de cabeza, depresión, dolores musculares y han pasado por diversos exámenes sin que el médico les encuentre nada. Esos síntomas pueden indicar conflictos o indicios de problemas en su vida. Algunos de los más serios problemas emocionales se manifiestan en comer demasiado, enfermedad que conocemos como "bulimia", o en evitar comer, que conocemos como "anorexia nerviosa".

"Ninguna persona se muestra totalmente abierta, vulnerable, franca, honesta y dispuesta a revelar sus debilidades, especialmente cuando está enfrentando situaciones conflicti-

> *vas. Todos los seres humanos tenemos defensas, porque todos buscamos amparo y protección y evitamos revelar nuestra verdadera condición. Por esa razón muchos crean defensas para intentar confrontar los problemas, pues creen que en ellas encontrarán la solución. Esas defensas pueden ser usadas con habilidad cuando quieren evitar la responsabilidad, o levantadas como paredes para esconderse con sagacidad. La responsabilidad del consejero es ayudar a su aconsejado a descubrir sus defensas, y mostrarle que no sólo son ineficientes, las herramientas equivocadas que está utilizando, sino que en vez de ayudarle, le están perjudicando".*

3.2 Descubrir las incongruencias

Las contradicciones que revela el aconsejado en sus relatos o actitudes son excelentes indicios que ayudan al consejero a descubrir la realidad de lo ocurrido. Las incongruencias son la discordancia, la contradicción que existe entre lo que el aconsejado comunica de una forma y también de otra. Las palabras pueden estar entregando un mensaje que no confirma su lenguaje no verbal. Debido a esto, es esencial que el consejero descubra las incongruencias en la etapa de encontrar la realidad. Nuestra labor es detectar la discrepancia que existe en diferentes áreas:

Entre lo que el aconsejado dice ahora y lo que dijo semanas atrás

Por ejemplo, Rubén admitió que había maltratado a su esposa la semana anterior. En la nueva sesión de consejería cambió su versión de maltrato y manifestó haber sólo discutido con ella, pues se había equivocado y era muy necia para entender sus razones. Su enfoque en esta nueva sesión no se centró en lo que hizo, es decir, en gritar e insultar a su esposa, sino en el por qué lo hizo, es decir, por no poder admitir el error que ella había cometido.

Entre lo que el aconsejado dice y hace

Por ejemplo, aunque María mencionó con seguridad que deseaba comprender a su esposo y que esa era su forma de actuar en casa, en varias sesiones ni siquiera lo dejó hablar interrumpiéndolo a cada rato. Ella discutía y presionaba antes que él siquiera pudiera plantear su posición. Con sus palabras aseguraba que comprendía, pero con sus acciones ni siquiera intentaba hacerlo.

Entre lo que describe de su vida y lo que señala la Biblia

Cuando no se es un creyente existen muchas incongruencias. Por ejemplo, Ricardo hablaba de su amor por la Palabra de Dios y por los niños. Era un maestro en la escuela bíblica infantil de su congregación, que buscó ayuda sólo por insistencia de su esposa. Ricardo no había aprendido a disciplinar a sus hijos y estaba abusando de ellos. Constantemente discutía con ella, pero insistía en el hecho de que cada uno había sido criado de manera distinta y por eso disciplinaban de manera diferente. Pero en el proceso de asesoramiento fue descubriendo cuán inconsistente era su declaración de amor por Dios y por los niños, pues sus acciones demostraban lo contrario. Si la persona dice que es creyente y presenta muchas incongruencias con los principios bíblicos, es posible que no lo sea o que su nivel de madurez espiritual sea muy bajo.

Entre las palabras que usa y su tono de voz

Por ejemplo, Luisa decía no herir a su esposo pues ella hablaba con suavidad. Noté que su volumen era bajo e incluso, en varias sesiones le pedí que lo aumentara. Su voz era fina y débil, pero las palabras que usaba eran hirientes y destructivas. En dos ocasiones, al rebatir a su esposo con la suavidad que la caracterizaba, dijo groserías y tuvo que pedirme disculpas por su lenguaje soez. Ernesto contó que esa era su forma de actuar. Ella hablaba tranquilamente pero poco a poco se molestaba y comenzaba a utilizar groserías, y luego se marchaba. Era precisamente eso lo que a él le causaba indignación, y lo que lo motivaba a insultarla. Las palabras de Luisa mostraban incongruencia con el tono de la voz que utilizaba.

Entre lo que expresa su lenguaje verbal y no verbal

Por ejemplo, Celia decía tener respeto por las opiniones de su esposo, y en realidad no discutía mucho con él cuando estaban en la sesión, pero su cara, manos, ojos y movimiento de cabeza mostraban su desacuerdo y molestia por muchas de las cosas que él narraba, incluso hasta mostraba una risa burlesca que ridiculizaba a su esposo.

3.3 Identificar las necesidades

La siguiente fase en la etapa de encontrar la realidad es identificar las necesidades que el aconsejado tiene y que lo mueven a actuar como lo está haciendo. Éste es el momento en que tratamos de juntar las piezas del rompecabezas y entender por qué las personas están actuando como lo hacen. En algunas ocasiones he notado que incluso las virtudes que muestran algunos pueden estar íntimamente ligadas a ciertas necesidades y que el intento de satisfacerlas puede llevarlos a acciones equivocadas que se constituyen en pesos, cadenas u obstáculos que impiden su desarrollo.

Por ejemplo, Consuelo era una de las personas más involucradas en la vida congregacional. Ella creía que la falta de comprensión de su marido le estaba creando problemas. Debido a los serios conflictos en su vida matrimonial se vio obligada a buscar consejo. El problema no era la falta de comprensión de un marido no cristiano, sino la falta de preocupación por él de una esposa cristiana que tenía demasiadas actividades en la iglesia y en la escuela de sus hijos, a causa de la fuerte necesidad de aprobación que ella presentaba.

Los consejeros podemos descubrir cuáles son las necesidades del aconsejado analizando qué partes fuertes muestran. Las necesidades que tenga la persona se pueden ver en los grandes esfuerzos que realiza.

Observe algunos otros ejemplos que nos ayudan a comprender las necesidades que podrían tener algunas personas:

(1) Alguien que asiste a todas las reuniones de una congregación y que se involucra en muchas actividades despreocupándose de sus obligaciones con su familia.
Necesidad: podría estar siendo motivada por la necesidad de aprobación.
Parte fuerte: buena asistencia.

(2) Una persona que apoya todas las decisiones de su líder sin atreverse a dar su opinión en contra. Los seguidores de sectas o de líderes tiranos en las congregaciones legalistas no se atreven a contradecir.
Necesidad: la de ser aceptada.
Parte fuerte: su sometimiento a la autoridad.

(3) La persona que siempre está dispuesta a hacer algo y que se preocupa de lo que uno va a hacer o a necesitar y que siempre está preguntando sobre las necesidades ajenas, al

punto de llegar a invadir la privacidad de las personas y abrumarlas.

Necesidad: deseos de admiración-aceptación.

Parte fuerte: su diligencia y disposición al servicio.

Recuerde siempre que el asesoramiento no consiste en una simple conversación o de la opinión que damos rápidamente sobre un problema que se nos plantea. Por el contrario, es un proceso que tiene su inicio y su final. Por ello es muy importante dedicarle el tiempo necesario, tanto en la etapa de establecer la relación como en la de encontrar la realidad, y realizar los pasos precisos para tener cercanía con el aconsejado y la mayor cantidad de elementosde juicio a nuestro alcance. Esto nos permitirá percibir un universo más grande de síntomas y realidades con los que podremos evaluar mejor para aconsejar correctamente. Insisto en que sólo debemos pasar a la etapa de responsabilidad si en la de relación se logró establecer un nexo de confianza.

En esta etapa el aconsejado debe ser capaz de asumir que ha fallado, y que por lo tanto debe cambiar pues ya manifiesta la intención de hacerlo. Muchas veces creemos que el arrepentimiento permite a la persona cambiar súbitamente, y no es así. El arrepentimiento nos dirige hacia el proceso de cambio y nos inicia en el de corregir nuestras acciones erróneas, pero no siempre ocurre de manera drástica. Arrepentimiento significa "cambiar de actitud", aunque los hechos pueden ir cambiando lentamente.

En la etapa de encontrar la realidad debemos hacer todo el esfuerzo posible para que no sólo el consejero encuentre la realidad del conflicto, sino también el aconsejado. El primero debe hallarla para aconsejar sabiamente, y el segundo debe descubrir la realidad para reconocer lo que ha estado escondido, inclusive para él, y cambiar al ver su comportamiento, no porque alguien lo diga sino porque se ha convencido de que a pesar de sus buenas intenciones, cometió serias equivocaciones.

> *"El sentimiento de que hemos fallado y de que no queremos hacerlo más, es importante, pero no lo es todo. Ese sentimiento nos dirige hacia el proceso de cambio y nos introduce en el largo camino necesario para corregir nuestras acciones erróneas, pero ese solo sentimiento no es lo mismo que arrepentimiento. Arrepentimiento significa un cambio de actitud del corazón del paciente, aunque tenga que ir cambiando sus comportamientos erróneos lentamente.*
>
> *El consejero sólo debe pasar a la etapa de entregar responsabilidad al aconsejado si en la etapa de establecer la relación se construyó un nexo de confianza y en la etapa de encontrar la realidad, el aconsejado entiende cuales son sus errores, reconoce que ha fallado que debe cambiar y que tiene la intención sincera de iniciar su proceso de cambio".*

El siguiente paso importante en la etapa de encontrar la realidad es investigar qué magnitud tuvo este sistema de vida del aconsejado, es decir, a quién o quiénes afectó.

3.4 Investigar la magnitud del sistema

Muchos de los implicados en una situación problemática creen que todo el conflicto se quedó plasmado en aquel tiempo o época en que sucedió el problema. Algunos no piensan en los efectos presentes de los problemas del pasado, ni hasta dónde y a quiénes afectó.

El abuso que una madre propinó a alguno de sus hijos entre los 2 y 5 años no es un evento aislado, aunque muchos padres podrían pensar que eso fue todo lo que ocurrió y que allí terminó el problema o que éste nunca tuvo antes manifestaciones. La labor del consejero es conocer la magnitud que ha tenido ese sistema inadecuado de vida, y acercarse lo más posible a la razón por la que ocurrió. Nuestra labor es acercarnos al tiempo en que comenzaron esas manifestaciones.

Aunque el hecho pudo haber ocurrido entre los 2 y los 5 años, hoy se están viendo las consecuencias, y es muy posible que hayan existido manifestaciones anteriores. El abuso podría haber existido en la mente de uno de los padres antes de que este hecho haya ocurrido físicamente. El maltrato se inicia en las actitudes, en los pensamientos, y ese proceso que se fue construyendo paulatinamente en medio de las relaciones familiares culmina con el abuso. Este hecho, que ocurrió a los 2 años, podría haberse iniciado en las malas relaciones que los padres tuvieron antes de que el niño naciera. La madre puede haber sido, por ejemplo, una víctima del abuso de su esposo durante el embarazo, y así aprendió lo que más tarde ejecuta con su hijo.

El ambiente de violencia puede crearse dentro de la familia. Padres alcohólicos, drogadictos, o que no saben manejar su ira, o que aprendieron violencia, generalmente tienen actitudes y acciones abusivas. El maltrato no queda plasmado en el pasado pues el presente es el producto de todo lo que hemos vivido anteriormente, y el resultado que los conflictos tienen no sólo afecta a la persona sino también cuantos la rodean. Por ésta y otras razones debemos conocer la magnitud de las consecuencias que está recibiendo el sistema familiar.

Supongamos que el problema que se da en el seno de la familia es un conflicto de poder. Una persona que siempre fue oprimida en su hogar, en el presente puede estar tratando de demostrar su poder con sus hijos o cónyuge. Es imposible que quien fue oprimido logre vivir con un nuevo estilo de vida si antes no ha determinado que ese sistema es erróneo. Si no ha aprendido a vivir en un sistema diferente, si todavía habitan e influencian su mente esos recuerdos, sus acciones estarán basadas en el conocimiento que tenga. Si alguien todavía vive afectado por ese conflicto, él mismo saboteará la solución. Recuerde que el proceso de encontrar la realidad no ha terminado a menos que el aconsejado reconozca que ahora tiene una realidad diferente, que debe enfrentarla de una manera distinta y que aún no está en condiciones de hacerlo, y que desea obtener la orientación de quien sí está preparado. Por otra parte, los consejeros, por medio de este proceso de orientación, debemos ayudar a la persona a ver su situación con otros ojos, utilizando nuevas herramientas y con una nueva actitud.

En el caso de la mujer que abusaba de su hijo, mi trabajo fue establecer una relación de confianza, mostrarle no sólo la dolorosa realidad que su hijo experimentaba, sino también que ella actuaba motivada por sus experiencias anteriores. Tuve que pasar por un proceso para que comprendiera que ya no era la niña pequeña, inocente e impotente, de cuando fue víctima. Que su realidad era otra, la de una persona con nuevas alternativas. Por lo tanto, si aceptaba su realidad, su necesidad de orientación y cambio, estaba en condiciones de sanar las heridas del pasado y de corregir su presente para tener una buena relación a futuro.

Los consejeros habremos ayudado a las personas cuando éstas finalmente sean capaces de reconocer su realidad y estén dispuestas a ser diferentes porque ven la vida de otra manera, pero no podemos lograr esto sin la cooperación del aconsejado. Nuestras expectativas deben ser adecuadas, puesto que quien no lo quiere, no puede ser ayudado. Hemos sido de ayuda cuando la persona ha decidido cooperar y ante nuevas circunstancias es capaz de escoger otras alternativas, sin necesidad de ser dependiente o estar subyugada por las decisiones de otros, pues ahora puede tomar las suyas propias. Nunca podremos tener éxito en esta etapa de la relación hasta que la misma persona reconozca que en este momento está viviendo una realidad diferente.

Si queremos saltarnos estos pasos, las personas no podrán entender su situación ni lograr un cambio. El apóstol Pablo habla de una vida nueva. Nos dice que las cosas viejas pasaron, y que eso sólo ocurre en las personas que están en Cristo. Las viejas costumbres, conflictos y traumas de una persona que ahora tiene una relación con Cristo, dejan de tener dominio sobre su vida. Cuando decidimos dejar de ver la vida como nosotros queremos, y logramos ver cómo Cristo actuaría y cuán diferente fue nuestro comportamiento, reconoceremos qué necesario es seguir sus instrucciones y vivir conforme Él nos demanda. Si nuestra vida es nueva y elegimos actitudes nuevas, nuestra forma de enfrentar los problemas también lo será.

Cuando la persona está en Cristo le interesa lo que nos demanda, pues por el amor que le tiene, por su pasión y su deseo de someterse a Él, está dispuesta a obedecer. Ahora sabe que su percepción debe ser distinta de aquella que tenía en el pasado, y que no debe conformarse a los deseos y prácticas de este mundo sino transformarse por medio de la renovación de su entendimiento. Debe cambiar la manera de pensar, para así poder entender la voluntad de Dios que es agradable y perfecta (Romanos 12:1-2).

Esto debe ocurrir en cada aconsejado: estar dispuesto, llegar al momento de anhelar hacer lo que el consejero le está diciendo, pues ha descubierto su realidad y desea enfrentarla. Nadie puede vivir una nueva vida por sí mismo, y ni siquiera saber cómo luce esa nueva vida mientras continúe atrapado en el pasado. Si la persona no ha logrado ese momento en que con objetividad y templanza puede comparar su nueva realidad con la antigua, si no conoce adecuadamente el sistema que vivió y las implicaciones que ha tenido, nunca podrá elegir una nueva realidad.

Las experiencias dolorosas y traumáticas nos marcan tanto que existen personas que por el abuso de sus padres, y debido a la falta de comunicación o al rechazo que experimentaron, hoy ni siquiera pueden relacionarse con Dios. Mientras mantengan esa realidad en mente, no pueden vivir de otra manera. Si no ven que su padre era humano y falible, y que Dios es infalible, no podrán creer ni aceptar lo que enseña la Palabra de Dios: que Dios es un Padre amante. Esto ocurre porque sus motivos están basados en un concepto equivocado de la paternidad, a causa de la imagen desdibujada que mostró su padre.

Algunos no pueden entender que Dios Padre sea lleno de gracia y sólo piensan en un Dios que castiga, porque esa es la imagen del padre que tuvieron. Algunas personas no pueden escuchar, entender, ni hablar de un padre amante, lleno de gracia y amor, hasta que logran entender que Dios es distinto del padre que los maltrató. Cuando una persona ha sido maltratada de esa manera y no puede relacionarse bien con Dios, con su familia o sus compañeros de trabajo, también se habrá afectado todo su sistema de relaciones interpersonales y continuará así mientras la persona no cambie. Esta situación traumática que lleva al rechazo no es algo que planificamos en nuestros pensamientos, sino más bien algo automático que se encuentra en el área psicológica que, por supuesto, no podemos ver y a veces, ni siquiera discernir.

Esas imágenes quedan grabadas en nuestra mente y en ocasiones son tan poderosas que nos inhiben, nos perturban y nos motivan a actuar en forma destructiva y operan como un automático en el área psicológica que, por supuesto no percibimos. Aunque algunas personas que vivieron largas experiencias traumáticas toman la decisión de aceptar la salvación gratuita de Jesucristo y su gracia y amor, siguen viviendo en un mundo distorsionado y de hostilidad, pues no han sido orientados a cambiar su manera de pensar, los consejeros cristianos tenemos la gran responsabilidad de representar al Dios lleno de amor y de mostrar al aconsejado que con Él, y viviendo para obedecerlo, puede llegar a mejorar su vida.

"Recuerde que el proceso de encontrar la realidad no ha terminado a menos que el aconsejado note que ahora tiene una realidad diferente y comprenda que es necesario que la enfrente de una manera distinta, aunque todavía no está preparado y por ello debe seguir siendo aconsejado.

Los consejeros debemos ayudar al aconsejado para que vea su situación de una manera diferente, que determine que va a utilizar herramientas que no había utilizado, y teniendo una actitud muy distinta de la que hasta ese momento había tenido. Nuestro éxito como consejeros está determinado por el cambio que realizó el paciente, pues hay pacientes que elegirán no cambiar, sino por la seguridad de que les hemos entregado las herramientas adecuadas que necesitan utilizar.

Si el paciente se niega a encontrar la realidad de su situación, se niega a reconocer sus errores y no esta dispuesto a realizar esfuerzos para cambiar consistentemente y a dar cuentas de su progreso con regularidad, no debe pasarlo a la siguiente etapa que es la asignación de responsabilidad".

··· CAPÍTULO 6 ···

*"El consejero cristiano
ha sido llamado por Dios
para que con la ayuda del Espíritu
Santo y el conocimiento adquirido
por su interpretación apropiada
que realiza de la revelación bíblica,
muestre a quienes buscan su
asesoramiento, no sólo los errores
que cometen al enfrentar sus
conflictos, sino también que
Dios les ha dado el potencial para
vivir con sabiduría y
responsabilidad personal".*

Tercera Etapa del Proceso de Asesoramiento: Entregar Responsabilidades

1. Definición

La responsabilidad es la etapa del proceso de consejería en la cual el aconsejado debe comenzar a actuar por sí mismo, de acuerdo con su nueva realidad, con el conocimiento bíblico y práctico que haya obtenido y las herramientas que logró adquirir junto al consejero.

Lo que se quiere es que el aconsejado tenga responsabilidad cuando se aleja de nosotros, y por ello nunca se debe pasar a esta etapa si él se niega a aceptar su realidad. El consejero debe entregar responsabilidad cuando el aconsejado logre tener nuevas respuestas, habilidades y una actitud distinta que le darán la posibilidad de responder correctamente a la situación que vive. El aconsejado está listo para adquirir responsabilidad cuando puede y está dispuesto a responder de manera adecuada frente a una determinada obligación, en los actos propios, y cuando sabe cómo enfrentar sabiamente los errores y pecados ajenos. Este paso es tan importante como los demás, y vital para lograr nuestra meta de que el aconsejado tenga otros valores que lo lleven a nuevas acciones. Podemos lograr una buena relación y alcanzar una excelente respuesta a la obligación de encontrar la realidad, pero si el aconsejado no pasa a esta etapa y logra adquirir responsabilidad, se convierte en un hijo dependiente del consejero. La *Biblia* no enseña que debemos quedarnos como dependientes absolutos, y más bien nos manda crecer hacia la madurez y dejar de ser niños espirituales. Jesucristo mismo se marchó dejando a sus discípulos responsabilidades que cumplir. Les enseñó nuevos principios, les hizo ver la vida nueva desde el punto de vista divino, les dio las herramientas y una nueva visión, y se marchó dejándoles la tarea de cumplir con todo lo que Él les había indicado.

La responsabilidad está bien descrita en este antiguo dicho: «Enseñar a pescar al hambriento es mejor que darle pescado». Los aconsejados no deben quedarse con la impresión de que su cambio es responsabilidad del consejero, porque continuarán actuando como hijos. Ellos llegan a nuestra consulta pensando que por el sólo hecho de conversar y de pasar tiempo escuchando al consejero, ya podrán cambiar su circunstancia, pero eso no es real. Cuando los consejeros damos muchos consejos y sólo consejos, siempre nos buscarán para que los aliviemos de esta manera, lo cual los convertirá en dependientes. Muchos consejeros y pastores hacen esto con quienes dependen de ellos como niños, pues no han tenido un proceso de asesoramiento que les permita enfrentar la vida con responsabilidad. Si dejamos que los aconsejados reaccionen a las preguntas que les hacemos, les enseñamos a usar las herramientas disponibles y los ayudamos a adquirir el conocimiento necesario para confrontar problemas; cuando enfrenten nuevos conflictos podrán hacerse las mismas preguntas y tendrán respuestas más adecuadas para confrontar su circunstancia.

El arte del consejo está en dar al aconsejado la fuerza para vivir. Es entregarle herramientas que puede usar en un momento dado. La gente piensa que el consejero lo sabe todo, y la verdad es que cuando alguien llega a ocupar este rol es porque ya ha aprendido a usar con efectividad y responsabilidad las herramientas disponibles.

2ª de Corintios 6:1-10 describe a una persona con el adecuado nivel de madurez que le permite estar capacitado para un ministerio efectivo y, por lo tanto, para una vida madura. Es alguien que sabe cómo responder y que tiene la habilidad para enfrentar las circunstancias con madurez, pese a lo difícil que éstas sean. Una persona que no lo ha logrado es como un niño, sin fuerzas ni capacidad para enfrentar la vida por sí solo. Es inexperto y no tiene el necesario discernimiento. En la etapa de responsabilidad el aconsejado debe comenzar a aplicar los conocimientos, habilidades y herramientas que haya adquirido (Hebreos 5:11-14).

En este momento debemos permitir que el aconsejado determine cómo manejar la situación, y con nuestra ayuda podrá elegir formas, maneras de comportarse frente a su circunstancia. Efesios 4:12 menciona que las personas con determinados dones han sido elegidas y constituidas en su ministerio por Dios y con el propósito de perfeccionar, de preparar a otros para ejecutar con capacidad obras mayores. Esa es, precisamente, la obra de los consejeros cristianos. En otras palabras, hemos sido llamados a preparar a otros para que usen las herramientas que ahora están a su disposición y que antes no conocían. Debemos mostrarles un camino mejor y el potencial que ellos no han podido ver.

"El consejero cristiano basa su asesoramiento en los valores absolutos revelados en la Biblia y debe hacer conocer a todos sus pacientes que su consejo se fundamenta en valores cris-

> *tianos, así quienes busquen su consejo lo sean o no. Su consejo no debe tener la intención de hacer proselitismo religioso, sino de orientar y presentar a Dios como el Creador de la vida, Quien le asigna propósito a toda persona y es el único que conoce cómo deben actuar y reaccionar todos los que forman parte de una relación familiar".*

2. El proceso

Paul Welter declara que cada persona tiene una forma especial de aprender. Algunos lo hacen «escuchando": graban y aprenden mejor utilizando su sentido de audición. Otros «viendo», y por ello prefieren leer libros, artículos o mirar películas, observar gráficos e ilustraciones, pues así reciben mayor instrucción y la registran con más facilidad. Hay otras personas que aprenden mejor «haciendo». Este aprendizaje se relaciona directamente con la realización de proyectos, pues el observar les permite grabar mejor la información en su mente. Ellos aprenden más al efectuar labores y cumplir determinadas tareas.

Por supuesto, todas las personas aprenden mejor por medio de una combinación de formas y participando en enseñanzas prácticas con la mejor ayuda audiovisual posible, pues son las más efectivas en el proceso de enseñanza.

En esta etapa en que nuestro deber es entregar responsabilidades al aconsejado pues lo hemos preparado para este crucial momento, debemos establecer también qué tipo de procedimiento será el adecuado para que él logre hacerse cargo de su situación y siga las instrucciones que lo ayudarán a enfrentar su conflicto con sabiduría. Esto podría hacerlo usando las herramientas que ha recibido, ayudado por su nueva percepción sobre su vida y el conflicto que enfrenta, y basado en la nueva realidad que experimenta. La etapa de responsabilidad es el momento de establecer metas, porque la organización es imprescindible para enfrentar los nuevos desafíos. El aconsejado tiene que hacer algo, tiene que elegir una nueva opción y ejecutarla, pues todo esto lo ayudará a manejar la situación problemática de manera efectiva.

Por lo general los aconsejados no establecen aquellas metas por sí solos, el consejero debe entrenarlos y así prepararlos para enfrentar más sabiamente su vida. Con este fin debemos desarrollar algunas perspectivas que los capaciten para establecer metas razonables y acordes con la capacidad de cada uno. En esta etapa es necesario desafiarlos para que busquen mejores caminos, nuevas perspectivas significativas que los lleven a conseguir algún resultado. Cuando el aconsejado comienza a alcanzar ciertos logros empieza a tener esperanza y se siente motivado a continuar en el curso que se había trazado. Las personas que han sido escuchadas, entendidas y ayudadas para que exploren su situación problemática, comienzan a ver como resultado lógico, la necesidad de enfrentarla.

Es común que después de pasar por este proceso, los pacientes nos digan: «Nunca pensé que mis acciones produjeran tanto conflicto», o «Nunca pensé que mi actitud estaba hiriendo tanto, y quiero cambiar, quiero buscar una manera de rectificar mi conducta». Así reaccionan las personas que por primera vez perciben que alguien las ha escuchado adecuadamente, las ha orientado con sabiduría y han comprendido su situación con mayor profundidad. Ellas ahora pueden notar que alguien a quien respetan tiene una perspectiva diferente de sus conflictos y que como resultado, les está haciendo notar sus errores sin atacarlas, sino ayudándolas. Ésta es la etapa en la que, sin temor alguno, debemos animar al aconsejado a tomar ciertas acciones, especialmente cuando hemos desarrollado las etapas anteriores de manera adecuada.

2.1 *Animarlos a la acción*

Debemos animar a los aconsejados a actuar con la nueva concepción del problema y de su vida que hayan adquirido, en forma razonable, ajustando su comportamiento a lo que ellos mismos juzguen como lo más apropiado. Debemos desanimarlos cuando elijan la pasividad como estilo de vida, y animarlos a tomar acciones. Esto sólo se puede lograr por medio de un plan determinado.

Por ejemplo, debemos entrenarlos para que escojan algunas importantes acciones, como:

• Establecer metas que les permitan buscar soluciones.

• Hacer una lista de acciones futuras y discutirlas con el consejero.

• Cumplir determinadas tareas que el consejero estime necesarias y que reporten su progreso o dificultades en la consecución de las tareas.

"Como una forma de animar a los aconsejados a cambiar, el consejero debe estimularlos a que eviten las declaraciones negativas, las discusiones, las malas actitudes y que en cambio, estén pendientes de las acciones positivas eligiendo apoyarse y animarse mutuamente".

Como Eva y Eduardo discutían casi todos los días por cosas sin sentido, fueron creando un ambiente de hostilidad que los motivó a buscar asesoramiento. Les recomendé que por dos semanas no discutieran sobre ningún problema, y que me llamaran de inmediato si aparecía algo serio y digno de ser considerado, y no tonterías que debían ignorar. Nunca lo hicieron en esas dos semanas porque no hubo ningún problema importante. Entonces pudieron reconocer cuán infantiles eran sus discusiones.

También les pedí que cada uno agradeciera al otro por los esfuerzos que había realizado para buscar ayuda y por los cambios que estaban haciendo. Me comentaron que les había resultado difícil encontrar algo positivo en su cónyuge. A mediados de las dos semanas y como se acercaba la fecha de reportarse, comenzaron a hacer serios esfuerzos por animarse y apoyarse. Se alegraron de que casi al final de las dos semanas se fuera haciendo más natural lo que al inicio parecía un acto de hipocresía.

2.2 *Ayudarlos a establecer sus problemas en forma solucionable*

La mayoría de las personas en conflicto acostumbran contar sus problemas como los ven antes del proceso de consejería, es decir, aparentemente sin solución. Esta forma de encarlos, de expresarlos, puede continuar a pesar de la nueva actitud, porque es un patrón aprendido que no es fácil cambiar. Por esta razón, para que aprendan a cambiar su manera de enfrentarlos, hasta debemos enseñarles a contar los conflictos de una manera positiva y en forma solucionable, pues tiene una profunda influencia en la actitud del individuo.

> *"El consejero no sólo debe entregar herramientas que el aconsejado debe aprender a utilizar, sino también ayudarlo a elegir la actitud debida para que comience a ver la vida de una forma más positiva".*

Cristina me sorprendía con su negativismo. No veía nada bueno en su esposo y parecía que la vida le apestaba. Ella veía todo problema con la lupa de la mala actitud, y por eso cada conflicto le era demasiado grande y le provocaba un serio estrés. Así describía su problema: «Mi matrimonio es realmente un fracaso, mi marido no sirve para nada y yo, como tonta, cometí el más serio error al casarme con él. Leí su libro: Una puerta llamada divorcio, y creo que tengo suficientes razones para divorciarme. En mi congregación la esposa del pastor insiste con frecuencia en que luche por mi matrimonio, pero creo que ni ella lo haría si estuviera casada con mi esposo».

Después de mi última sesión de asesoramiento le pedí que escribiera cómo veía ella el problema desde su nueva perspectiva. Entonces escribió:

«Por muchos años creí que mi marido era el culpable de mi infelicidad y he tendido a culpar a todos los que me rodean. Ahora entiendo que su libro no me entrega ninguna posibilidad de divorcio, pues no existe ningún pecado grave, ni mi marido quiere abandonarme, sino que más bien él ha luchado por mantener la relación matrimonial. He trabajado para enfrentar mi estado depresivo y después de algunos meses de ejercicio y manejo de mis situaciones, la vida luce diferente. He enfrentado los problemas de mi relación matrimonial con las herramientas que me entregó, y ya veo la luz al final del túnel».

3. Enseñarles a apropiarse de sus problemas y a rechazar los ajenos

Muchas personas llegan a buscar consejo culpando de sus problemas a otros, o evitando apropiarse de ellos. Lo que hicieron o dejaron de hacer los demás se ha convertido en el enfoque de sus conversaciones. Actuamos adecuadamente cuando comprendemos que somos responsables de nuestros errores, que sufriremos consecuencias por ellos y que somos llamados a afrontarlos con sabiduría. Debemos entender que somos humanos y que todos enfrentamos problemas, pero que no por esto tienen que destruirnos. Tenemos que apropiarnos de ellos para enfrentarlos sin permitir que uno mismo sea destrozado por la culpabilidad. Es necesario que el aconsejado comprenda que no tiene por qué hacerse responsable de los problemas ajenos, y que aunque puede ayudar a otros en sus conflictos, no debe apropiárselos.

Hay personas que se sienten culpables y frustradas por no poder tener una buena relación interpersonal con quienes las rodean, y por ello se sienten impotentes y tratan de acercarse a todos. La frustración que experimentan se debe a que la persona ha creado una expectativa inapropiada. Nadie puede relacionarse bien con todas las personas durante todo el tiempo, pues las relaciones interpersonales no sólo dependen de uno, sino también de los demás, y algunos ni saben ni quieren relacionarse. La *Biblia* enseña que no es posible mantener la paz con todos los hombres. Pablo dice en Romanos, capítulo 12 versículo 18, que los cristianos deben esmerarse por tener buenas relaciones, pero admite que no siempre es posible: «*Si es posible, en cuanto dependa de vosotros, estad en paz con todos los hombres*».

El consejo es que debemos hacer lo que nos corresponde para mantener relaciones de respeto, pero si algunos deciden no relacionarse con nosotros o no respetarnos, no debemos insistir en mantener la relación. Es decir, debemos apropiarnos de nuestros problemas y asumir nuestra responsabilidad.

Tristemente, existen muchas personas que no han aprendido a apropiarse de los conflictos que enfrentan, y por ello no pueden eliminarlos a pesar de la frustración que experimentan y los esfuerzos que realizan.

> *"El consejero debe ayudar a las personas a apropiarse de sus problemas y buscar las herramientas para enfrentarlos. El aconsejado debe entender que nadie puede abusar de él, si no se lo permite".*

Luz Elena vivía amargada por el abuso que recibía de su esposo. Cuando buscó asesoramiento me comunicó cuán decepcionada estaba de él. Lo culpaba de todo lo que ocurría en su hogar. Después de pasar por el proceso de asesoria esto es lo que escribió:

"Gracias por ayudarme a ver la vida con responsabilidad. Después de leer su libro *Cartas a mi amiga maltratada*, y de escuchar la serie de conferencias titulada "Límites", entendí que la razón por la que recibía abuso en mi relación matrimonial era porque yo lo permitía. Lamentablemente lo hice desde nuestro noviazgo y lo soporté por más de 12 años. El proceso de asesoramiento me ayudó a hacerme responsable de mi vida y a entender que nadie tiene la obligación de cuidarme, salvo yo."

4. Enseñarles a establecer las metas

Si el aconsejado entiende que no existen soluciones fáciles ni rápidas para todos los problemas, y que él es responsable de relacionarse saludablemente, hemos avanzado lo suficiente como para guiarlo a planificar su respuesta responsable. El trabajo ha sido efectivo si logramos que tenga confianza en sí mismo y si ha aprendido a usar las herramientas que ahora tiene con eficiencia, y de acuerdo con el nuevo conocimiento adquirido. Si observa la realidad que enfrenta y de las implicaciones que existen, así como de la necesidad de establecer una estrategia para enfrentar los conflictos, hemos logrado algo bueno.

Para poder ayudarlo a establecer las metas debemos guiarlo para que éstas se correspondan con su condición. No debemos ser nosotros los que establezcamos esas metas de acuerdo con lo que estamos preparados para hacer, pues los pacientes se encuentran en un nivel diferente.

Para poder enseñarles esta nueva forma de actuar en la vida, el consejero debe:

Estar atento a las declaraciones de intención del aconsejado

No olvide que nos encontramos en la etapa de entregar responsabilidades a quien desea salir de sus conflictos. Para poder guiarlo hacia las metas adecuadas, debemos conocer qué intención tiene el aconsejado, y esto lo lograremos cuando lo incitemos a declarar lo que quiere y cómo piensa alcanzarlo. Podemos motivar de manera efectiva haciendo preguntas y pidiendo al aconsejado que nos muestre específicamente sus planes.

"Movidos por la emoción, presionados por el consejero, tratando de evitar un problema mayor o con buena intención, el paciente puede decir que desea cambiar, pero no necesariamente dará los pasos que son necesarios para realizar el cambio. Debido a que ellos no saben cómo hacerlo, ni tienen un plan específico para cumplir lo que han determinado y prometido, los consejeros debemos ayudarlos para que presenten un plan y realicen un compromiso bien desarrollado, que les posibilite cumplir lo que han manifestado".

Alfonso declaraba que haría todo esfuerzo por pasar más tiempo con su esposa. Aunque su propuesta era importante, no era una meta específica. Su intención era buena, pero aún desconocía cómo llevar a cabo su deseo. Yo estaba seguro de que más bien quedaría como una idea vaga, que tal vez nunca se llevaría a cabo. Para ayudarlo a cumplir su deseo, o para comprometerlo a que declarara frente a su esposa lo que realmente cumpliría, y de acuerdo con sus intenciones, le hice preguntas que lo obligaron a establecer un plan específico.

LECCIÓN: Creer que la buena intención de cambio del aconsejado es todo lo que se necesita para que encuentre solución al problema que plantea, es un serio error. Ninguna buena intención que carezca de planes para llevar a cabo su ejecución, logra una solución.

Ayudarlos a establecer metas

El cambio que se ha producido en el aconsejado durante el proceso de consejería lo motivará a pensar en forma diferente, pero debemos ayudarlo, pues por lo general después de un proceso que lo haya impresionado y por la motivación que tiene, muchas veces intenta establecer metas exageradas. El peligro es que al no alcanzarlas puede sufrir una gran frustración. Por otro lado, también hay individuos con serios temores y por esta razón con metas excesivamente pequeñas, que pueden decepcionarse por lo exagerada duración del proceso. Recuerde que estamos en la etapa de asignar responsabilidades y el aconsejado podrá cumplirlas cuando establezca un plan que sea práctico, sencillo, alcanzable, específico y razonable, y cuyo cumplimiento pueda ser evaluado. Sus intenciones de arreglar el problema deben estar respaldadas por metas con importantes características, como las siguientes:

Metas alcanzables

Generalmente, para lograr solucionar sus problemas los aconsejados no tienen la costumbre de establecer un plan con metas sabias. Casi siempre creen que la visita a un consejero y una serie de conversaciones les ofrecerán la solución que buscan. Pero toda solución demanda adquirir conocimiento, tomar la determinación de practicar lo aprendido, tener un plan para cumplir sus responsabilidades, disciplina para ser constantes y la decisión de hacer lo que debe, aunque nadie más lo haga. La labor del consejero es asegurarse de que esa sea la intención y el plan del aconsejado. Algunos intentan metas tan grandes, tan exageradas que, a pesar de sus buenas intenciones, terminan resultándoles inalcanzables.

"Las metas basadas en la motivación del momento pueden convertirse en inalcanzables en el futuro. Por ello, el consejero debe orientar específicamente y ayudar a que el aconsejado establezca metas responsables y a la vez alcanzables".

Miguel buscó asesoramiento porque su esposa quería abandonarlo. Después de las primeras sesiones ya estaba dispuesto a prometer cambios que no podría lograr. Su intención era evitar la destrucción de su matrimonio, pero era incapaz de cambiar todo cuanto la causaba. Nos costó más de cuatro meses pasar por la etapa de relación y de encontrar la realidad. Ahora, finalmente estábamos en la etapa de responsabilidad y con mayor razón se encontraba listo para hacer cualquier cosa, pues había identificado sus errores y problemas.

Cuando tomó la decisión de comunicarle a Miguel su intención de separarse, Mónica había actuado bajo mi dirección. Su esposo, que pasaba excesivo tiempo con sus padres, había decidido de manera unilateral que los ayudaría económicamente, usando buena parte de su presupuesto. Se volvió violento y la maltrataba cuando ella lo confrontaba porque estaban teniendo serios problemas económicos. Además, él mantenía una relación comprobadamente peligrosa con una vecina de sus padres que había sido una de sus novias. Miguel se había alejado de su esposa y, según decía, no era capaz de tener relaciones sexuales normales con Mónica debido a su cansancio y estrés.

En la etapa de encontrar la realidad Miguel mostró un verdadero arrepentimiento, pero en la etapa de responsabilidad sus metas resultaron inalcanzables. Prometió no visitar más la casa de sus padres pues no quería que su esposa creyera que iba por su relación con la vecina. Aunque su plan era cortar de inmediato con toda la ayuda económica y comenzar a pagar sus deudas, se preocupaba porque no era justo abandonarlos estando ellos enfermos y dependiendo de la ayuda de su único hijo. Por esto consideré que sus metas eran inalcanzables. Con mi ayuda y la sabia disposición de su esposa logramos establecer un plan que no perjudicara a nadie y en cambio beneficiara a todos.

LECCIÓN: Es labor del consejero ayudar a establecer un plan que tome en consideración todas las partes, todas las circunstancias y la realidad, para que las metas establecidas puedan ser logradas con eficiencia y efectividad. Recuerde que toda solución demanda adquirir conocimiento, tomar la determinación de practicar lo aprendido, tener un plan para cumplir sus responsabilidades, disciplina para ser constante y decisión de hacer lo que debe aunque nadie más lo haga. La labor del consejero es asegurarse de que esa sea la intención y el plan del aconsejado.

Metas claras y específicas

Los buenos deseos de cambio de los aconsejados deben ser bien orientados para que puedan ser cumplidos. Por lo general llegan a nuestra oficina con la costumbre de prometer o un historial de promesas no cumplidas. Por ello quienes ya se han acostumbrado a este proceder terminan frustrados, y sus cónyuges molestos y decepcionados. He encontrado que algunas de las metas que las personas establecen en la etapa de responsabilidad son demasiado vagas y muy abstractas, o muy generales.

Lina reconoció que su problema era estar constantemente involucrada en chismes de la congregación a la que asistía. Al reconocer su problema y determinar cambiar estableció la siguiente meta: «A partir de este momento decido que quiero ser parte de la solución y no de los problemas en mi congregación».

La meta de Lina era abstracta, porque era una buena declaración de intención que no incluía ningún paso específico o concreto. Después de la consejería , fue capaz de restablecer su meta en forma clara y específica: «Evitaré involucrarme con las personas que acostumbran a hablar de otros. Le diré a mi círculo de amigas que como ya fuimos exhortadas por nuestros líderes, y ahora soy confrontada por mi esposo y enseñada por mi consejero, es mi determinación eliminar esa mala actitud y evitar toda conversación que denigre a otra persona. Comunicaré que estoy dispuesta a abandonar el grupo de amigas si ellas deciden continuar con esa práctica errónea».

Jorge y Alejandra buscaron asesoramiento por muchos de los conflictos que existían en su matrimonio. No salían juntos, no se apoyaban, y ya casi ni hablaban pues la mayoria de sus conversaciones terminaban en discusiones. En la etapa de responsabilidad se les asignó la tarea de establecer metas. Una de las que escribieron fue la siguiente: «Nuestra meta es enfrentar los conflictos con sabiduría y dedicar más tiempo a nosotros como pareja».

Esta meta fue inadecuada porque no era lo suficientemente clara, sino vaga y muy general. Ellos tenían en mente una buena intención pero no una buena y exacta meta. Con la ayuda adecuada escribieron lo siguiente: «Dedicaremos el día viernes de cada semana para salir solos y conversar con tranquilidad. No discutiremos problemas ni trataremos de buscar soluciones cuando estemos estresados o molestos. Nos pondremos de acuerdo para conversar en el momento, el lugar y con la actitud adecuada, y detendremos la conversación cuando uno esté actuando de manera inadecuada».

Metas medibles o verificables

Para que las metas sean adecuadas deben permitirnos verificarlas cada cierto tiempo y así evaluar si estamos cumpliendo los propósitos que se han establecido.

Al establecer sus metas, un padre de familia dijo: «Espero evitar hacer mucho deporte, pues noto que esto está perjudicando las relaciones con mis hijos».

Aunque el aconsejado comprendió que exageraba en el tiempo que dedicaba al deporte, y pese a que tuvo un buen deseo y una excelente intención, carecía de metas claras, específicas, concretas que permitieran medir o verificar si estaba, o no, cumpliendo con el plan. El aconsejado debe ser concreto. Por ejemplo: «He estado jugando todos los miércoles, sábados y domingos, y creo que debo cambiar. Sólo jugaré los sábados en la mañana cuando mi equipo tiene sus juegos en el campeonato, y los miércoles que entrenamos. Los lunes serán para descansar y relajarme, los martes llegaré temprano para ayudar a mis hijos y pasar tiempo con ellos, los jueves le dedicaré tiempo a mi esposa y los viernes saldremos como familia».

Esta forma de establecer metas permite medir o verificar si se están, o no, cumpliendo con facilidad. No sólo los demás, sino el aconsejado debe tener la posibilidad de verificar el cumplimiento de su meta. Nadie puede ver el progreso de una determinación si no hay forma de verificar su inicio, su avance y sus logros.

Metas dentro de un tiempo razonable

Muchos aconsejados han intentado cambiar, pero debido a que se han exigido demasiado o han tratado de alcanzar grandes metas en poco tiempo, terminan frustrados y frustrando a su cónyuge por no haber cumplido sus promesas.

Valentín había adquirido muchas deudas y estaba poniendo en peligro el patrimonio familiar. Movido por la desesperación, comenzó a beber y huía de sus acreedores. En la etapa de responsabilidad prometió a su esposa que en seis meses pagaría sus deudas. Cuando evaluamos la cantidad de dinero que adeudaba, llegamos a la conclusión de que ni siquiera trabajando horas extras durante un año sería capaz de pagarlo. Con la ayuda adecuada no sólo estableció un plan para pagar en dos años, sino que hizo otro plan para hablar con los acreedores y enfrentar el problema con sabiduría.

Ayudarlos a implementar el programa a seguir

Si el aconsejado no ha podido cumplir sus promesas pues ha tenido buena intención pero una terrible desorganización, es imposible que logre su cometido una vez más, utilizando las mismas herramientas. Debemos ayudarlo a implementar el programa y seguirlo en forma específica, para que pueda realizar las correcciones imprescindibles.

Si el aconsejado ha estado trabajando horas extras durante mucho tiempo, y ha llegado cansado a su casa, ignorando su responsabilidad con ciertas labores domésticas, y por ello ha perjudicado sus relaciones interpersonales en el hogar, debemos ayudarlo a ordenar su semana de trabajo y el tiempo que dedicará a su cónyuge e hijos, aclarando qué días trabajará horas extras, qué actividad en bien de su familia realizará, qué días específicos les dedicará y qué tipo de apoyo le brindará a su esposa. Ayudarlos a implementar el programa que deben seguir, y hacer que lo escriban para poder verificarlo, es una importante labor del consejero en esta etapa de entregar responsabilidad.

Planificar sesiones de evaluación

En todos los problemas no es necesario determinar sesiones futuras de evaluación, pero sí en los que son más graves: aquellos cuyas nuevas responsabilidades son más difíciles de cumplir y en los que la permanencia del cónyuge en el hogar depende del cambio que realice la otra persona. En los casos mencionados, y cuando el consejero lo crea indispensable, es importante establecerlas para ver el progreso de la situación. En casos más serios se debe evaluar periódicamente el avance alcanzado en el logro de las metas, o los conflictos que hayan surgido por haber elegido esa nueva forma de actuar. Debemos evaluar el grado de progreso, el grado de ayuda que están recibiendo, el grado de dificultad que han encontrado y la forma como han estado enfrentando las nuevas situaciones.

Ayudarlos a aplicar sus nuevos conocimientos

Debe llegar el momento en que el aconsejado inicie la aplicación de los principios aprendidos, no solamente en las situaciones específicas que le causaban conflicto, sino también, y en forma paulatina, a otras áreas de su vida. Esta nueva forma de proceder lo ayudará a alcanzar madurez y le proveerá de sabiduría para relacionarse con otras personas. Mientras más aplique los principios y valores aprendidos, y mientras lo haga en otras áreas, mayor será su madurez.

Si reforzamos adecuadamente la práctica de lo aprendido hasta que se convierta en una rutina, estaremos ayudando al aconsejado a crear un nuevo hábito, y mientras más lo practique más se acostumbrará a llevar ese estilo de vida.

Conclusión

Tanto el asesoramiento cristiano como el secular comparten la misma meta general, en el sentido de que ambos quieren ayudar a las personas para que aprendan a resolver sus problemas, encuentren sentido a la vida y se conviertan en individuos maduros y responsables de sus actos. La palabra consejería define la sugerencia que se entrega a las personas para la resolución de sus conflictos.

Sin embargo, la consejería cristiana se distingue de la secular. El asesoramiento no necesariamente será cristiano porque es ofrecido por alguien que lo sea, pues si él no conoce bien las Sagradas Escrituras y no las interpreta apropiadamente, aunque su consejo se base en sus ideas de la *Biblia*, carecerá de un buen fundamento bíblico. En contraste con la psicología integral, el asesoramiento cristiano busca descubrir qué áreas de la vida del cristiano están en conflicto, o si él ignora los principios bíblicos o se rebela contra ellos.

Los consejeros cristianos creemos lo que dice Pablo en 2ª Timoteo 3:16-17: *Toda la Escritura es inspirada por Dios, y útil para enseñar, para reprender, para corregir, para instruir en justicia, a fin de que el hombre de Dios sea perfecto, enteramente equipado para toda buena obra.*

El consejero secular no tiene este estándar de moralidad. La *Biblia* no es su única regla de fe y conducta. Su estructura de pensamiento está basada en las últimas investigaciones científicas o en las normas de la sociedad, y ambas pueden ser muy cambiantes. No tiene estándares absolutos pues sus valores son relativos. No juzga las elecciones que la gente hace de acuerdo con una norma moral, y por ello prefiere no dar directrices, pues sus normas son diferentes de los otros seres humanos. Según ellos, nadie debe imponer sus valores a nadie. En cambio, los consejeros cristianos creemos que hay valores divinos que son esenciales para la vida saludable de las personas, y que debemos enseñarlos como absolutos, e imprescindibles para el cambio de comportamiento; también que la *Biblia* tiene mucha sabiduría práctica acerca de la naturaleza humana, de la vida personal, y del matrimonio y la familia.

Por supuesto que los consejeros cristianos usamos habilidades que podemos aprender de la ciencia y las técnicas que son resultado de la investigación científica, como la psicología, la filosofía, y otros, pero nuestra autoridad final es la revelación bíblica bien interpretada. La mayor estrategia del consejero cristiano es ayudar a sus pacientes a que sustituyan sus propias ideas, y las de la sociedad, por las verdades que aparecen en las Sagradas Escrituras, pues Dios es el creador del hombre y la familia. Enseñamos que cuando la verdad divina revelada en la *Biblia* es comprendida, creída y obedecida, produce la libertad de la persona y una vida de estabilidad y madurez. Los consejeros cristianos creemos lo que dijo Jesús: *Y conoceréis la verdad y la verdad os hará libres. (Juan 8:32).*

Creemos que Dios creó al hombre con necesidades que deben ser satisfechas y si esto no ocurre, desarrolla un fuerte sentimiento de insatisfacción que resulta en serias tensiones en nosotros y contra quienes nos rodean.

Al sentimiento que se produce cuando no satisfacemos nuestra necesidad de alimentación lo llamamos "hambre", y éste nos impele a buscar cómo saciar ese apetito. De la misma manera, la insatisfacción de otras necesidades legítimas presiona a los seres humanos a buscar su gratificación, no siempre en el lugar adecuado.

Todos recordamos la odisea vivida por los jóvenes deportistas uruguayos cuyo avión cayó en la cordillera de los Andes, y que por su necesidad fueron impelidos a tomar la radical decisión de alimentarse con carne humana. Dios nos creó con necesidades fisiológicas, con apetitos que son impulsos instintivos que nos mueven a buscar cómo satisfacerlas. Si no bebemos tendremos sed, sin descanso nos cansamos y las tensiones nos invaden. Sin respeto nos destruimos y sin amor no pueden existir relaciones interpersonales saludables.

Algunos han decidido resentirse contra Dios, con el argumento de que Él nos ha creado con necesidades y luego nos niega su satisfacción (se refieren específicamente a las restricciones puestas por Dios para tener orden y decencia en nuestra vida sexual), pero lo cierto es que las necesidades creadas por Dios son adecuadamente satisfechas cuando de la misma manera seguimos sus directrices. Dios no impide la satisfacción de nuestras necesidades sexuales, sino que está en contra de hacerlo en forma pecaminosa, pues es destructiva.

Dios nos creó con necesidades afectivas. Todo ser humano tiene necesidad de dar y recibir afecto, compañía, comprensión y simpatía. Nuestras relaciones interpersonales nos brindan la oportunidad de amar y ser amados, pero debido a nuestra pecaminosidad, a que somos falibles, ésta no es una necesidad que suplimos automáticamente ni con el solo encuentro entre seres humanos. En realidad, el encuentro puede ser conflictivo y debido a que somos pecadores, también destructivo. Por ello necesitamos aprender a relacionarnos con sabiduría y proteger nuestra vida de quienes no saben relacionarse saludablemente, y tratar de no dañar a otros con nuestras actitudes, palabras y acciones, a pesar de nuestras buenas intenciones. De la misma manera que en las necesidades fisiológicas, debemos suplir nuestros apetitos o necesidades emocionales o su insatisfacción nos creará tensiones. De allí que sea necesario, para el ser humano, establecer buenas relaciones interpersonales.

Dios nos creó con una necesidad de lograr un cierto nivel social, es decir, que todo ser humano normal quiere llegar a una posición o tener un prestigio. Esto incluye la necesidad de reconocimiento, de alcanzar ciertos logros, la necesidad de aceptación, de desarrollar nuestra autoestima, de lograr realización y sentir que somos respetados y apreciados. El no satisfacer estas necesidades también creará tensiones en la vida del individuo. Todas nuestras necesidades son regalos divinos, y cuando la persona se niega a satisfacerlas tiene una personalidad distorsionada.

Cuando intenta llevar al extremo la satisfacción de sus necesidades y vive una vida desequilibrada, también tiene un problema que debe ser resuelto. Dios creó a Adán y Eva con necesidades fisiológicas, y en el Edén les proveyó del ambiente perfecto para que encontraran la satisfacción necesaria. Ellos tenían un lugar perfecto para su alimentación y vivienda, y para poder relacionarse saludablemente. Notamos que Dios reconoció la necesidad de afecto de Adán y Eva, cuando dijo: *No es bueno que el hombre esté solo.* Dios creó a Eva para que tanto ella como Adán lograran satisfacerse mutuamente. Dios creó a Adán con una necesidad de *status*. Le dio autoridad y disfrutó de un lugar de privilegio y liderazgo que fue aumentando a medida que la tierra se fue poblando. El grave conflicto se inició cuando el hombre desobedeció a Dios. Allí aparecieron los deseos de satisfacer sus necesidades en forma equivocada. La concupiscencia o el deseo y goce de placeres, especialmente los sexuales, fuera de los límites divinos, sobrepasó al legítimo derecho de satisfacción de las necesidades dentro de los más altos límites espirituales y morales. La lujuria, el exceso en la satisfacción de las necesidades legítimas tales como las fisiológicas, afectivas y de prestigio social, comenzaron a generar los conflictos emocionales, físicos y espirituales.

El comer bien, que debido al pecado ahora podía ser llevado al extremo y transformarse en glotonería, la necesidad de amor y compañía, que por el pecado puede llevarse al extremo de sentir que un solo hombre o una sola mujer son insuficientes y conducirnos al adulterio, a la fornicación y a toda perversión. La necesidad de reconocimiento y prestigio, que debido al pecado nos puede llevar al extremo del orgullo y de exagerados deseos de poder. Todas estas desviaciones o excesos han producido un grave afecto emocional, físico y espiritual, y han dejado a los hombres en una posición vulnerable, con serios conflictos y barreras en la normal relación con Dios, consigo mismo y con otros seres humanos.

Debido al pecado, la sociedad conoció la depresión, la angustia, la ira, la culpa, la soledad, el abuso, la homosexualidad, la superioridad, la inferioridad, el adulterio, la infidelidad, el divorcio y tantos otros conflictos y traumas humanos, que sería imposible mencionar, producto del corazón pecaminoso del hombre. Tal como lo advierte el propio Jesucristo: *Nada hay fuera del hombre que entre en él, que le pueda contaminar; pero lo que sale de él, eso es lo que contamina al hombre.* (Marcos 7:15).

Nuestros pecados no son producidos por las opciones externas, sino por la tendencia pecaminosa interna que encuentra sus aliados en las tentaciones externas. Santiago muestra su acuerdo con Jesucristo al decir: *Cuando alguno es tentado, no diga que es tentado de parte de Dios; porque Dios no puede ser tentado por el mal, ni Él tienta a nadie; sino que cada uno es tentado cuando de su propia concupiscencia es atraído y seducido. Entonces la concupiscencia, después que ha concebido, da a luz el pecado; y el pecado, siendo consumado, da a luz la muerte.* (Santiago 1:13-15).

Contrario a la idea popular o a la idea agnóstica o atea, el hombre no es un animal condicionado por su medio ambiente, sino por su naturaleza pecaminosa. Son nuestros apetitos carnales los que nos motivan a seleccionar ciertos estímulos del entorno, y el resultado de esa unión provoca la concepción del pecado. No son los barrios pobres, ni los individuos que hacen mal, ni los compañeros con moralidad baja los que determinan nuestro comportamiento. Ellos tienen una gran influencia, y así lo reconoce la *Biblia*, ya que las malas conversaciones corrompen las buenas costumbres, pero quienes corrompen su vida son los mismos seres humanos quienes, debido a la falta de altos valores morales y temor de Dios, determinan dejarse afectar por las influencias negativas que los rodean.

Esta realidad nos muestra la increíble necesidad de la consejería cristiana. La gran mayoría de las personas cree en Dios y en que fueron creados por Él. Por lo tanto, y por lógica, deberían creer que Dios y los valores espirituales que se adoptan al relacionarse con la fuente de nuestro potencial son esenciales para la solución de los conflictos humanos. Por consiguiente, existe necesidad de consejeros preparados y temerosos de Dios, que anhelen de todo corazón la restauración de sus prójimos, restauración que se inicia exclusivamente con el acto redentor de Jesucristo y que se lleva a cabo con la aplicación de los valores, principios, mandamientos y preceptos que aparecen en las Sagradas Escrituras.

Hay miles de personas que luchan con sus conflictos y necesitan de guía; que buscan alivio y ayuda. Los ministros y consejeros cristianos que se preparan bien, que adquieren conocimiento de las Escrituras y la aceptan como el fundamento de los valores de la persona, que aprenden a conocer al ser humano, que toman la determinación de aplicar consistentemente estos principios a su vida, y que desarrollan la habilidad de aconsejar técnica y prácticamente a otras personas, pueden ser usados por Él para traer seguridad, esperanza y sanidad a personas y familias en conflicto.

También debemos reconocer que existen fuerzas espirituales que batallan por el control de los seres humanos. Las fuerzas satánicas de maldad tienen influencia y pueden destruir a las personas, pero las fuerzas espirituales de bondad, Dios y sus ángeles, son el poder y el refugio frente a los ataques espirituales del mundo de las tinieblas. Para que una persona pueda servir de refugio y brindar la protección necesaria a otros, debe conocer las artimañas del enemigo, prepararse sabiamente para la batalla espiritual y depender de la guía y sabiduría del Espíritu Santo y de las Sagradas Escrituras para lograr la victoria.

Este libro sólo ha sido el inicio, o un peldaño más para su preparación. Lo animo a que siga estudiando las necesidades humanas, a que siga buscando nuevas ayudas y dependiendo del Espíritu Santo. Juntos podemos ser instrumentos de salvación, sanidad y restauración de las personas. Que sea el motor para que, de aquí en adelante, usted determine prepararse para ayudar con herramientas, técnicas y la sabiduría, que tal vez todavía no tiene, pero que nosotros como organización tenemos disponibles.

Que éste sea el principio de una relación de amor, respeto y ayuda. Usted puede seguir desarrollando su habilidad de asesorar a personas en necesidad y mantenerse en contacto con nosotros para seguir adquiriendo materiales y orientación que le permitan desarrollar sus técnicas y conocimientos, y utilizar las herramientas adecuadas. Para ello, únase a nosotros como miembro de nuestra corporación de ayuda a la familia, y tendrá la posibilidad de adquirir conocimiento para transformar su vida, sus relaciones familiares y luego ayudar a quienes necesiten de su orientación.

Bibliografía

Libros de consejería

ADAMS, Jay. E., La práctica de aconsejar, Terrassa, Barcelona, CLIE, 1984., Perspicacia y creatividad en el arte de aconsejar, Terrassa, Barcelona, CLIE, 1986.

CHRISTENSON, Larry, La familia cristiana, Caparra Terrace, Puerto Rico, Ed. Betania, 1970.

COLLINS, Gary R., Manual de psicología cristiana, Terrassa, Barcelona, CLIE, 1983., Orientación sicológica eficaz, Miami, FL.33172, EE.UU., Ed. Caribe.

CRABB, Lawrence J., Jr., El arte de aconsejar bíblicamente, México, FLET, 1988.

DILLOW, Linda, La esposa virtuosa, Caparra Terrace, Puerto Rico, Ed. Betania, 1981.

Dr. DOBSON, James, Lo que las esposas desean que los maridos sepan sobre las mujeres, Terrassa, Barcelona, CLIE, 1975., Atrévete a disciplinar, Ed. VIDA, 1976.

EIRENE, La familia en América Latina hoy, Curso No.1, Quito, Ecuador, octubre 1987., El ciclo vital de la familia, Curso No. 3, Quito, Ecuador, 1987., Comunicación conyugal y familiar, Curso No. 4, Quito, Ecuador, 1988.

LEÓN, Jorge A., Psicología pastoral para todos los cristianos, San José, Costa Rica, Ed. Caribe, 1976.

Libros de consulta general sobre la familia

ELLIOT,Elizabeth, Dejándome ser mujer, Terrassa, Barcelona, CLIE, 1980.

LAHAYE, Tim, Varón y su temperamento, Caparra Terrace, Puerto Rico, Ed. Betania, 1978. El acto matrimonial, Grand Rapids, Mich. CLIE, 1976.

LAHAYE, Beverly, La mujer sujeta al Espiritu, Caparra Terrance, Puerto Rico, Ed. Betania, 1978.

MURRAY, Andrew, Cómo criar a los hijos para Cristo, Terrassa, Barcelona, CLIE,1982.

NARRAMORE, Clyde M., Psicología de la felicidad, Miami, Fl, LOGOI, 1974.

Dr. NARRAMORE, Bruce, Guía de educación infantil, Barcelona, CLIE, 1977., ¡Ayúdenme! soy padre, Copyright, CLIE, 1974.

SWINDOLL, Charles R., Dile que sí al amor, Copyright, Ed. Betania, 1985.

TROBISCH, Walter, El amor, un sentimiento que hay que aprender, Baden-Baden, Alemania, Ed. Trobisch, 1970., Yo quise a una chica, Ed. Trobisch, 1966.

WRIGHT, H. Norman, Comunicación, clave de la felicidad conyugal, Terrassa, Barcelona, CLIE, 1974.